Passou...
e agora?

CB069778

Coordenação editorial
Maurício Sita

Passou...
e agora?

Literare Books
INTERNATIONAL
BRASIL · EUROPA · USA · JAPÃO

© LITERARE BOOKS INTERNATIONAL LTDA, 2021.

Todos os direitos desta edição são reservados à Literare Books International Ltda.

PRESIDENTE
Mauricio Sita

VICE-PRESIDENTE
Alessandra Ksenhuck

DIRETORA EXECUTIVA
Julyana Rosa

DIRETORA DE PROJETOS
Gleide Santos

RELACIONAMENTO COM O CLIENTE
Claudia Pires

EDITOR
Enrico Giglio de Oliveira

PREPARADOR
Sérgio Ricardo

REVISORA
Ivani Rezende

CAPA
Gabriel Uchima

DESIGNER EDITORIAL
Victor Prado

IMPRESSÃO
Impressul

Dados Internacionais de Catalogação na Publicação (CIP)
(eDOC BRASIL, Belo Horizonte/MG)

P289　　Passou... e agora? Estratégias e táticas para virar o jogo e vencer a crise / Coordenador Maurício Sita. – São Paulo, SP: Literare Books International, 2021.
　　　　　200 p. : il. ; 16 x 23 cm

　　　　　Inclui bibliografia
　　　　　ISBN 978-65-5922-130-1

　　　　　1. Pandemia – Covid-19. 2. Crise econômica – Brasil. 3. Sucesso. I. Sita, Maurício.

CDD 658.4

Elaborado por Maurício Amormino Júnior – CRB6/2422

LITERARE BOOKS INTERNATIONAL LTDA.
Rua Antônio Augusto Covello, 472
Vila Mariana — São Paulo, SP. CEP 01550-060
+55 11 2659-0968 | www.literarebooks.com.br
contato@literarebooks.com.br

SUMÁRIO

9   A MENTE PRODUTIVA
Adriana Lima

17   E AGORA, ESCOLA?
Ana Sueli Pinho e Aylana Gazar Barbalho

25   COMO MANTER O BEM-ESTAR DURANTE E APÓS OS PERÍODOS DE CRISE
Carmen Silvia Badra

31   ACONTECEU NA QUARENTENA
Cilene Maria Cavalcanti

35   NOVO TEMPO, NOVA HISTÓRIA
Débora Nogueira da Silva

43   *STORYTELLING* DE *UPGRADE* PESSOAL E PROFISSIONAL
Edmir Kuazaqui

51   NÃO SE DÊ POR VENCIDO
Edu Bezerra

59   O MUNDO BRADOU *STOP*, EU RESPONDI *START*
Eliane de Almeida

67   O SEGREDO DA FELICIDADE
Flávio Torrecillas

75   UM NOVO AMANHECER: ESTRATÉGIAS PARA UMA VIDA COM BEM-ESTAR
Francisco de Assis das Neves Mendes

83	LIDERAR PARA RESILIÊNCIA	

83   LIDERAR PARA RESILIÊNCIA
José Bonfim Albuquerque Filho

91   A TRAVESSIA
Karine Porto

99   COMO RESSIGNIFICAR MOMENTOS DE DOR, ANSIEDADE
E DÚVIDA NO "NOVO NORMAL"
Kátia Casanova

107   OS DESAFIOS DOS ASPECTOS EMOCIONAIS EM SITUAÇÕES DE CRISE
Katia Vendrame

113   PANDEMIA, AUTOCONHECIMENTO E RELACIONAMENTO INTERPESSOAL
Márcia Batista Borges

119   APRENDENDO COM OS DESAFIOS
Marcia Tejo

125   RECOMECE... E VIVA COM ÊXITO
Marfa Silingowschi

133   A LUTA INCESSANTE RUMO AO SUCESSO
Marisa Fernandes

139   COMO SERÁ O DESENVOLVIMENTO DE HABILIDADES
NO MERCADO DE TRABALHO NO CENÁRIO PÓS-PANDEMIA?
Mirian Kronka

147   NÃO SEREMOS OS MESMOS
Mônica Moraes Vialle

155   UMA BOA GESTÃO NO PRESENTE, NÃO GERA CRISE NO FUTURO
Nedir Marchioro

161   COMO LIDERAR EM MOMENTOS DE ADVERSIDADE?
Ramiro Novak Filho

169   ENFIM, PASSOU...
Regina Silveira

177   O MUNDO PAROU E A GENTE NÃO PÔDE DESCER
Rosângela Matos

185   A SUA HORA É AGORA. VOCÊ ESTÁ PREPARADO PARA O NOVO?
Sidney Botelho

193   MEDITAÇÃO EM TEMPOS DE PANDEMIA
Teresa Cristina Muniz Queiroz

1

A MENTE PRODUTIVA

O texto ajuda o leitor a observar seu modelo mental predominante, que nada mais é que um mecanismo de pensamentos responsável por direcionar a maneira que o indivíduo faz suas escolhas diariamente. A produtividade é consequência de um processo de modelagem de comportamento e da percepção de como quebrar as barreiras que impedem de melhorar resultados na execução de tarefas.

ADRIANA LIMA

Adriana Lima

Formada em jornalismo pela Unip, MBA em Comunicação Empresarial pela Universidade Metodista e Mentoring orientada pelo Dr. Jô Furlan (2007). Atua como comissária de voo desde 2006 no grupo VRG Gol Linhas Aéreas, com experiências na Europa, América do Sul, América Central, América do Norte, África do Sul e Austrália. Faz trabalho voluntário com grupo de jovens vinculado a uma denominação evangélica com propósito de auxiliar na construção da autoestima, foco e desenvolvimento de metas para o futuro. Fez intercâmbio em Barcelona, Espanha (2008). Imersão em Cape Town, África do Sul (2011). Vivência de estudos e trabalho em Perth, na Austrália (2012/2013). Mentora em produtividade pela Tríade PS com Christian Barbosa (2017). Coautora do livro *Coaching: a hora da virada*, vol. 2 (Literare Books).

Contatos
adrianalima.grupotop@gmail.com
Facebook: AdrianaLimaa
Instagram: @adrilima111
11 98351-2182

O cenário da pandemia desencadeou uma situação sem precedente, gerou uma crise mundial e afetou as relações pessoais, a economia, as emoções, a política e, principalmente, a saúde, gerando uma onda de emoções negativas que tomou conta da maioria das pessoas causando uma sensação de incerteza e medo com relação ao futuro.

O medo é um estado de alerta que se inicia a partir de um sinal cognitivo, são registros de experiências vividas para demonstrar uma situação de perigo real ou imaginário que ativa respostas imediatas de fuga ou defesa própria. Ainda assim, o medo não é apenas prejudicial, é também uma barreira de segurança situacional diante do risco de perigo de morte eminente que nos dá certa dose de prudência. A questão mais relevante sobre o medo é quando paralisa o indivíduo. Os bloqueios resultantes do medo estão relacionados ao medo da morte, de perder alguém e da pobreza, presentes no ambiente que envolve uma crise.

Na região do neocórtex são produzidas as reações às nossas emoções, tais sentimentos formam um grupo de informações baseadas nas experiências que o indivíduo vivenciou alinhado a seu sistema de valores e crenças. Esses sistemas fazem a ligação entre a representação do universo interior e o ambiente exterior que, juntos, interferem nos critérios de como cada ser humano reage aos eventos da vida.

O cérebro percebe esse estímulo emocional como um novo evento repetido, um *replay* cada vez que esse gatilho emocional é ativado, por isso é importante perceber qual o tipo de sentimento predominante no seu dia e quão importante é aprender a quebrar o ciclo de pensamentos disfuncionais causado por emoções negativas frequentes.

O sentimento exagerado de medo causa uma espécie de aprisionamento na mente. Além disso, destrói as forças e causa confusão mental, desânimo, pessimismo, falta de criatividade, falta de foco, conflito, tristeza, falta de coragem, desesperança, dúvida, desapontamento, dor de cabeça, gastrite, pânico, ansiedade, preocupação, falta de fé etc.

O cérebro processa milhões de pensamentos involuntários por segundo. Quando um pensamento negativo vier, ele precisa ser identificado e substituído por outro pensamento oposto para romper esse ciclo de pensamentos negativos que, se repetido muitas vezes, cria um hábito de pensamento nocivo padrão chamado ritmo hipnótico, que se transforma em um hábito frequente e interfere no comportamento de uma maneira prejudicial, pois está ancorado a um grupo de pensamentos, sentimentos e emoções negativas sobre si mesmo.

A adversidade temporária é o caminho que o cérebro humano encontra para se desenvolver, derrubar barreiras, construir novas oportunidades e se tornar capaz de produzir mudança de pensamento, comportamento e hábito.

As maiores personalidades da história se destacaram por, apesar de terem experimentado consecutivos fracassos, se utilizaram desses eventos para se reinventar. A ciência reconhece esse método como neuroplasticidade, ou seja, quando o sistema nervoso adquire a capacidade de se reorganizar diante de um problema, se preparando para mudança ou novas experiências futuras.

A maioria das pessoas não foi ensinada a diferenciar um problema momentâneo de um fracasso permanente, é uma ideia que está fixada na raiz do sistema de crenças de cada um, algo que o indivíduo acredita ou vivenciou e que produz outras crenças secundárias relacionadas a essa crença principal. Por isso, algumas pessoas se desesperam em meio às adversidades achando que a dificuldade é algo permanente e acabam produzindo mais sentimentos de ansiedade e medo que, por sua vez, tiram a força criativa natural do ser humano e sua capacidade de resiliência.

Situação real ou imaginária > pensamento negativo automático > significado distorcido > emoção ancorada > comportamento disfuncional

Para solucionar essa disfunção, é preciso identificar:

- Crenças negativas
- Emoções relacionadas
- Tipo de pensamento predominante
- Comportamento
- Como as crenças o prejudicam

É importante substituir o pensamento limitador automático por uma representação interna positiva, algo que se deseja muito que aconteça, um propósito definido.

Cérebro + emoção + fisiologia = energia

Uma ferramenta usada em programação neurolinguística auxilia na mudança de estado mental, ensaio cognitivo visual, que significa vivenciar na mente a representação interna positiva criando mentalmente a imagem desejada, acionando gatilhos de busca. Assim, o cérebro tenta recriar a nova imagem gravada no subconsciente, muda o estado mental para um estado interno de conquista, resultando na quebra da representação negativa sobre si mesmo. Então, a maneira como se sente e como se comporta muda.

Quando o indivíduo tem um propósito de vida definido, o cérebro trabalha internamente criando novas vias neurais e procurando outros caminhos cerebrais. Assim, encontra maneiras no universo exterior para colocar em ação o plano de execução de tarefas que ainda estão apenas na mente. É esse aprendizado que o obstáculo traz consigo que permite o cérebro expandir na busca de outro ambiente mais saudável e seguro para viver.

O ambiente de insegurança e medo, as demissões por parte das empresas e a diminuição de custos fizeram crescer a demanda do trabalho *home office* e aceleraram os processos de informatização do trabalho. A preocupação em ser tornar desnecessário aumenta o nível de estresse das pessoas, emitindo uma frequência vibracional baixa no campo eletromagnético que reduz a energia física, resultando na falta de vontade e queda na produtividade no desempenho do trabalho em casa.

Ferramentas de programação neurolinguística podem ser utilizadas para auxiliar a remodelagem mental a fim de criar o estado de neuroassociação à linguagem corporal, que resulta em hábito de comportamento mais produtivo:

1. Avaliação de competência
2. Estado mental: *flow*
3. Organização
4. Priorização de tarefas
5. Gatilho mental
6. Finalização

Avaliação de competência

São as habilidades pessoais e profissionais, experiências de vida, equilíbrio emocional para reagir às pressões e desafios e a capacidade de resolver problemas. Tem sido a qualificação que mais agrega valor individual ou em equipes, o mercado de trabalho atual pede qualificação e aprendizado constante, chamado de *lifelong learning*.

O estado *flow*[1]

Nível de concentração máxima que o indivíduo alcança quando produz algo realizador, aumentando seu grau de energia e foco. Esse estado mental é atingido quando alguém está totalmente envolvido na atividade, que é uma mistura de desafio, prazer e realização pessoal ou profissional. A pessoa em *flow* é capaz de desligar sua mente do universo exterior, perder a noção do tempo cronológico e passar horas envolvida na atividade que lhe proporciona satisfação a fim de desenvolver seu potencial produtivo. Atletas olímpicos são bons exemplos de pessoas em estado *flow*, pois investem horas em treinamentos intensos diariamente, focados em aprimorar seus resultados na próxima competição. Sendo assim, *flow* também pode ser atingido por equipes e empresas, desde que a atividade seja contemplativa, desafiadora e prazerosa.

O estado cognitivo de *flow* é formado pelas seguintes características:

- Concentração intensa ou imersão
- Associação mente e corpo
- Perda do tempo cronológico
- Plenitude ou estado de felicidade
- Disciplina: a tarefa em primeiro lugar
- Recompensa ou resultado

---

1 *To flow*: verbo no inglês que tem o significado de fluir, mover, movimento, fluxo contínuo etc.

Para entrar no estado de concentração de atividade, é importante escolher o ambiente adequado, livre de distrações, limpo e organizado, que influencia para atingir o estado *flow* ou de fluxo contínuo, em que a criatividade e novas ideias correm soltas.

Organização

Conjunto de tarefas diferentes com a finalidade de manter em ordem um ambiente ou conjunto de ideias. Organizar vai além de arrumar gavetas e papéis. Quando alguém se propõe a organizar algo em sua vida, está disposto a organizar também os pensamentos, emoções, conflitos e hábitos.

Estudos científicos mostram que o cérebro não diferencia o comando que recebe para efetuar a organização, ou seja, não percebe se é uma ordem de organização de um ambiente externo ou organização interna de ideias em sua mente. Corpo e mente trabalham juntos no processo de transformação.

Organização e produtividade estão diretamente ligadas ao processo de execução de tarefas, pois quem se propõe a ter a mente, as ideias e o ambiente organizados perde menos tempo procurando objetos e anotações e passa a ganhar mais agilidade na realização de tarefas, já que a ordem do ambiente permanece.

A organização acontece em três estágios:

- Ambiente físico, que corresponde a papéis, agenda, documentos, livros etc.
- Ambiente digital, que compreende todo objeto computadorizado, celulares, *tablets*, redes sociais etc.
- Organização mental, que compreende toda a parte intelectual do conhecimento.

No processo de organização, é necessária uma ferramenta: a taxonomia, que é uma ciência, parte da biologia, que estuda os seres vivos, sendo responsável por dividir e classificar em categorias. A taxonomia pode também ser útil em nosso cotidiano para agrupar objetos por categorias: livros, filmes, pastas, arquivos etc. A vantagem de se trabalhar com categorias é que se pode criar pastas e subpastas por data, meses ou ano, assim todas as informações estarão arquivadas no mesmo local, evitando a bagunça e facilitando na hora da busca física ou digital.

Além de manter os arquivos digitais organizados, também é necessário mantê-los em local seguro, seja fazendo *backup* ou armazenando-os na nuvem, onde o arquivo estará protegido em caso de perda ou roubo do seu equipamento e com a vantagem de acessar em qualquer local digital.

A priorização de tarefas

Importante para evitar a procrastinação, que é um termo conhecido como o hábito de deixar as tarefas para depois. Em geral, são atividades que vão dar mais trabalho de serem executadas, por isso são adiadas e acabam se acumulando, fazendo as pessoas perderem o prazo de finalização.

Um método eficiente para desenrolar seu dia na execução de tarefas é listá-las e dividi-las em categorias pelo grau de importância[2]:

---

2 Método Tríade do tempo, por Christian Barbosa.

- Tarefas urgentes são aquelas que precisavam ser executadas no passado, pois esse atraso no prazo de execução gera prejuízos por não serem realizadas, como pagar a conta do cartão em dia. A tecnologia pode ser uma boa aliada para ajudar a otimizar o tempo e a agenda por meio de aplicativos e *softwares* que enviam lembretes dos compromissos. Isso é aprender a utilizar a tecnologia a seu favor.
- Tarefas circunstanciais são aquelas que não são da responsabilidade da pessoa, mas que executa para auxiliar terceiros, esquecendo-se de si mesma e enrolando o seu dia por conta desses compromissos alheios. Pode ser ainda uma situação casual como um pneu furado, a pessoa não contava com esse evento que lhe rouba tempo.
- Assuntos importantes estão ligados ao sonho da pessoa, algo em que precisa investir tempo e dedicação diários para seu desenvolvimento, como aprender um novo idioma.
- Ao listar os compromissos por grau de importância, fica mais claro o que precisa ser executado primeiro: tarefas que podem ser efetuadas via internet como enviar um *e-mail* em vez de marcar uma reunião presencial sobre determinado assunto, confiar na equipe e aprender a delegar tarefas a terceiros.

Gatilhos mentais

Estímulos que o cérebro recebe diante de situações específicas que influenciam como o ser humano reage a elas. Podem ser acionados por palavras-chave de escassez, urgência, simplicidade ou antecipação, que servem para dar velocidade ao cérebro na tomada de decisão, exemplos de frases gatilhos: "última peça no estoque", "agora ou nunca", "menos é mais" etc.

Saber estimular o gatilho correto pode ser uma ótima ferramenta para gerar respostas rápidas de pensamento, chamadas de *fast thinking*, que é uma forma automática, muito usada no *markerting*, de recompensa para o cérebro, proporcionando velocidade sem precisar de muito tempo de análise para tomar uma decisão.

A finalização

Resultado do comportamento de pessoas com perfil realizador que aprenderam como moldar os hábitos para otimizar seu dia, deixam de lado o modelo mental de vitimização, pessimismo e conformismo e assumem a responsabilidade de suas vidas numa postura voltada para finalizar projetos. Essas pessoas aprendem:

- Identificar sentimentos de bloqueios.
- Qual a maneira de enfrentá-los.
- O modelo mental predominante.
- Entrar em estado de produtividade.
- Cortar tarefas que sugam energia e tempo.
- Focar no propósito de vida.

É responsabilidade de cada ser humano desenvolver a própria Inteligência Comportamental e aprender a fazer escolhas assertivas, vencer o medo, gerenciar conflitos, criar condições para gerar melhores resultados e ter uma vida mais saudável e produtiva.

Referências

ALARCON, Ana. *Personal Organizer*: mudando sua vida. Rio de Janeiro: Editora Conquista, 2019.

BARBOSA, Christian. *A tríade do tempo*. São Paulo: Editora Buzz, 2018.

MEYER, Joyce. *O campo de batalha da mente, vencendo a batalha em sua mente*. Belo Horizonte: Bello Publicações, 2009.

DWERCK, Carol S. *Mindset*: a nova psicologia do sucesso. Tradução S. Duarte. São Paulo: Editora Schwarcz, 2017.

2

E AGORA, ESCOLA?

Este capítulo problematiza as noções de "novo normal", trazendo à cena o conceito de "educação disruptiva". Os desafios da pandemia impuseram à escola considerar as diferentes possibilidades de aprendizagens que ocorrem do lado de fora de seus muros. As autoras consideram que, no pós-pandemia, a escola precisa incorporar as lições aprendidas, entre elas as estratégias criadas para aproximar e comprometer ainda mais as famílias com o processo de aprendizagem dos estudantes; o uso combinado de diferentes tecnologias e ferramentas digitais de aprendizagem colaborativa; e a implementação de práticas pedagógicas inovadoras, inclusivas e equitativas que consideram as demandas dos diferentes sujeitos e os contextos sociais em que estão inseridos.

ANA SUELI PINHO E
AYLANA GAZAR BARBALHO

Ana Sueli Pinho

Doutora e Mestra em Educação e Contemporaneidade. Graduada em Pedagogia. Especialista em Supervisão Escola Empresa e em Liderança Organizacional. Pesquisadora do GRAFHO – Grupo de Pesquisa (Auto)Biografia, Formação e História Oral da UNEB. Autora de material didático. Atualmente, é diretora da Prose7e – Projetos e Soluções Educacionais. Tem larga experiência na área de educação, com ênfase em formação de professores, tempo escolar, práticas alfabetizadoras, gestão educacional, tecnologias e inovação pedagógica.

Contatos
anasuelipinho@yahoo.com.br
71 98897-9774

Aylana Gazar Barbalho

Mestra em Gestão Estratégica da Educação. Graduada em Pedagogia. Especialista em Psicologia Organizacional, Educação e Trabalho, Educação de Jovens e Adultos e em Gestão Escolar. Larga experiência na área de educação, em instituições públicas e privadas, no exercício de funções de docente, de supervisão/coordenação pedagógica e de gestão. Foi conselheira titular e presidente do Conselho Estadual de Educação da Bahia. É consultora, palestrante, curadora e produtora de conteúdos. Atualmente, é consultora associada da Prose7e Projetos e Soluções Educacionais.

Contatos
aylanagazar@hotmail.com
71 98146-4768

"Novo normal" ou educação disruptiva?

> *O importante e bonito do mundo é isso: que as pessoas não estão sempre iguais, ainda não foram terminadas, mas que elas vão sempre mudando. Afinam e desafinam.*
> Guimarães Rosa

A Crise provocada pela pandemia do coronavírus realçou o paradigma de que vivemos em um mundo onde a mudança é a única certeza. Nesse cenário, a revisão de crenças e a criação de novos hábitos, comportamentos e práticas passaram a ser exigências ou condição para responder às demandas sociais, o que implicou a necessidade de reconfiguração do modelo mental vigente até então.

É importante ressaltar que essa reconfiguração não corresponde ao que se denominou "novo normal", como se o pós-pandemia fosse produzir uma nova regularidade, estabilidade, previsibilidade, que substituirá a forma de agir do passado por um modo de agir "comum, corriqueiro, frequente e, assim, determinará nosso modo de vida, exigindo que nos adequemos a essa tal de normalidade" (GARGANO, 2020).

Essas expectativas parecem não fazer sentido quando nos referimos a um mundo cuja essência é a permanente mudança.

Ainda segundo Gargano (2020), o "'novo normal' é uma tentativa de definir quais serão as condutas e os modos de vida aceitáveis e toleráveis daqui por diante". Nesse sentido, explicar o "novo normal" ganhou conotação ideológica, na medida em que, para definir a realidade como é e como será, desconsiderou-se a análise da própria realidade. Assim, essa explicação camufla e naturaliza possíveis transformações em diferentes setores da sociedade, aponta a necessidade de adequação dos indivíduos "a toque de caixa" e apresenta como novo aquilo que já estava aí. Enfim, concebe uma realidade abstrata e apresenta-a como "nova". Dessa forma, "não existe propriamente algo normal em si, o normal e a normalidade são construções que se impõem sobre nós" (GARGANO, 2020, s/p).

O que está em jogo, então? Não há dúvidas de que vivemos um momento de disrupção, entendida como uma quebra ou descontinuidade de padrões conhecidos ou um processo já estabelecido, que promove inovações ou acelera mudanças, gerando novos modos de pensar, comunicar, se relacionar, trabalhar, produzir, comercializar, viver etc. (CHRISTENSEN, 2019).

O termo *disrupção* não só faz sentido como precisa ser aplicado à realidade da educação para quebrar paradigmas e promover profundas transformações, uma vez que o modelo educacional, até então vigente, é anacrônico, ou seja, continua ancorado no século passado e não responde às necessidades da presente era (ROBINSON, 2018).

Uma educação disruptiva, portanto, é aquela que rompe com o estabelecido para ousar, inovar e superar os desafios do presente, com foco no futuro.

Ressalte-se que as desejadas transformações e necessárias inovações na educação, de um modo geral, e das escolas, em especial, são extremamente desafiadoras, considerando os diferentes contextos, a diversidade dos sujeitos envolvidos e o acesso às tecnologias digitais. Ademais, atinge, de forma complexa, a organização e o funcionamento das escolas e redes de ensino públicas e privadas, bem como as rotinas, hábitos, práticas e demandas de famílias, gestores, professores, estudantes de diferentes níveis, etapas e modalidades de ensino, confrontando crenças, saberes e concepções.

Nesse contexto, falar de inclusão digital não significa montar laboratórios de informática na escola, mas garantir a professores, estudantes e famílias o acesso às tecnologias digitais e à internet como um direito de consumo, assim como é o saneamento básico e a energia elétrica.

Mesmo diante de tantas transformações, a área de educação ainda não rompeu com modelos e crenças que até poderiam fazer sentido em séculos passados, quando a informação era escassa e o acesso ao conhecimento era restrito a poucos.

No contexto pandêmico, em que as aulas presenciais foram suspensas, a situação ficou ainda mais complexa, vez que práticas pedagógicas que adotam metodologias ativas e tecnologias digitais deixaram de ser uma opção e passaram a ser uma exigência.

Como já defendeu Paulo Freire (2000, p. 67) "se a educação sozinha não transforma a sociedade, sem ela tampouco a sociedade muda". No entanto, o que se observa é que os processos que deveriam ser protagonizados pela educação, na prática, seguem a reboque de mudanças promovidas por outros setores.

Nesse cenário de incertezas quanto ao futuro, o que a escola deveria ensinar e como deveria fazer isso? Para alguns especialistas, a ênfase deveria recair no pensamento crítico, na comunicação, na colaboração e na criatividade, o que implica minimizar as habilidades específicas e enfatizar as habilidades mais genéricas na vida (HARARI, 2018). Entretanto, somos desafiados cada vez mais a abrir mão ou ressignificar conhecimentos, crenças, valores e práticas do passado para lidar com as mudanças do presente, o que implica conhecer a si mesmo, estar aberto para aprender coisas novas e ser capaz de preservar sua identidade e o equilíbrio emocional diante de situações ao mesmo tempo complexas e voláteis.

No atual contexto, a última coisa que o estudante precisa é de alguém que lhe transmita a informação, pois essa tem sido produzida e fartamente disponibilizada por diferentes meios e mídias.

Nesse sentido, se faz urgente a implementação de modelos educacionais aderentes às exigências da sociedade contemporânea, que desenvolvam a capacidade de extrair sentido da informação, perceber a diferença entre o que é ou não importante e, acima de tudo, produzir conhecimentos que contribuam para resolver problemas, compondo uma visão de mundo sistêmica, crítica e criativa, que faça sentido para os sujeitos.

Que desafios a pandemia impôs à escola?

> *Alguma coisa*
> *Está fora da ordem*
> *Fora da nova ordem mundial.*
> Caetano Veloso

As restrições impostas pelo contexto de pandemia colocaram à prova os modos de ensinar e de aprender em formatos antigos, de quando o mundo era apenas analógico. Em todo o mundo, as instituições educacionais foram obrigadas a, de modo repentino, buscar alternativas e utilizar ferramentas tecnológicas, há muito disponíveis na sociedade, para produzir conteúdos e criar experiências remotas, com o intuito de dar continuidade aos processos formativos, pois, como bem alertou Nóvoa (2020), nos primórdios da pandemia, as escolas podem até fechar, mas não podem abandonar os estudantes nem interromper a sua aprendizagem.

Se há algum ponto positivo que se possa atribuir a esse contexto de crise, seria o fato dela ter tirado da zona de conforto um dos setores mais resistentes às mudanças e à efetiva apropriação das tecnologias digitais e de metodologias de ensino e aprendizagem inovadoras.

Os esforços empreendidos nesse processo, a construção de práticas pedagógicas inovadoras possíveis de serem mediadas e, até, potencializadas pelas tecnologias digitais, bem como a capacidade dos sujeitos de se adaptarem, de forma surpreendentemente célere, confirmam que a desejada mudança dos meios e modos de se fazer educação nos dias atuais não só é possível como é extremamente necessária. É preciso mudar, definitivamente, a crença ainda arraigada de que o aprendizado deve acontecer de uma única forma, em um único tempo e em espaço delimitado – o tempo escolar e a sala de aula.

Os desafios decorrentes da pandemia reafirmaram a necessidade de desenvolvimento de competências já previstas na Base Nacional Comum Curricular (BRASIL, 2018), entre elas, a construção de uma cultura digital que contribua para que o estudante possa compreender, utilizar e criar tecnologias digitais de informação e comunicação de forma crítica, significativa, reflexiva e ética nas diversas práticas sociais (incluindo as escolares) para se comunicar, acessar e disseminar informações, produzir conhecimentos, resolver problemas e exercer protagonismo e autoria na vida pessoal e coletiva (BRASIL, 2018, p. 9).

Saliente-se ainda que, além das competências cognitivas, é preciso dar foco no desenvolvimento de competências socioemocionais, como comunicação, colaboração, adaptabilidade, criatividade e resolução de problemas complexos – que, mesmo antes da pandemia, também já haviam sido apontadas pela BNCC como condição para atuar na sociedade, o que, na prática, ainda não se confirmou.

A rápida propagação do coronavírus também mostrou o quão interconectados estamos neste mundo global, fazendo com que a superação dessa crise se tornasse um assunto de interesse coletivo. Se reconhecemos que o mundo é sistêmico e interconectado, o que justifica a manutenção de uma educação fragmentada, fechada nas suas fronteiras, descontextualizada e sem relação com a vida cotidiana?

Essa compreensão do mundo contemporâneo exige que as instituições de educação transformem as suas práticas com a implementação de modelos pedagógicos mais colaborativos que, de fato, ajudem os estudantes a serem protagonistas, capazes de pensar com autonomia e de resolver problemas complexos, utilizando as interfaces e possibilidades tecnológicas disponíveis.

As poucas oportunidades de interação entre os estudantes, o difuso interesse deles nos conteúdos selecionados pela escola para compor o seu currículo, bem como a forma tradicional de abordá-los são demonstrações inequívocas do fracasso escolar.

É imperativo promover a ruptura desse modelo de escola moderna que, desde a sua origem, se funda a partir da lógica organizativa do espaço-tempo único, que pressupõe um ritmo padrão (PINHO; SOUZA, 2015), que tenta enclausurar os sujeitos e suas práticas, com ânsia de controle, como se só fosse possível aprender os conhecimentos historicamente construídos, nas suas redomas e sob a sua tutela.

No contexto da pandemia, em razão da suspensão das atividades presenciais e da imperiosa necessidade do cumprimento de horas letivas exigidas pela legislação educacional vigente, a escola foi forçada a considerar outros espaços-tempos, reconhecer a possibilidade de aprendizagens que ocorrem do lado de fora dos seus muros e contar com outros interlocutores e mediadores que, sem substituir os professores, pudessem colaborar com os processos de aprendizagem dos estudantes, como mídias e redes sociais, plataformas digitais, diversos aplicativos, produtores de conteúdo e, principalmente, a família.

Vale destacar que a consideração desses outros espaços-tempos oportunizou ainda, por meio das tecnologias digitais, o acesso a museus, parques, zoológicos, laboratórios, entre outros, localizados em diferentes partes, tornando possível aos sujeitos conhecer e explorar o mundo sem sair de casa.

A pergunta que não quer calar é: afastadas as restrições do contexto pandêmico, até que ponto as escolas considerarão e incorporarão efetivamente esses novos espaços-tempos, interlocutores e possibilidades tecnológicas nos processos de ensino e aprendizagem?

O que se espera da escola no cenário pós-pandemia?

> *[...] não há esperança na pura espera, nem tampouco se alcança o que se espera na espera pura, que vira assim, espera vã.*
> Paulo Freire

A resposta à indagação que encerra a seção anterior é incerta, vez que a experiência de conduzir processos de ensino e aprendizagem, de forma remota, em tempos de quarentena e afastamento social é extremamente atípica e não deve ser tomada como referência única para desenhar o presente que definirá o futuro da educação.

Entretanto, se por um lado não é possível afirmar que as lições aprendidas serão consolidadas no pós-pandemia, por outro lado, a escola nunca mais será a mesma, vez que as diferentes dimensões da sociedade, de modo geral, foram impactadas e seguem se transformando, assim como os sujeitos que integram a comunidade escolar.

O importante é notar que, aos poucos, fomos confirmando que o aprendizado formal e sistematicamente organizado pode, também, ocorrer em outros espaços e que são inúmeras as possibilidades de proporcionar jornadas de aprendizagem mais interessantes, significativas, colaborativas e conectadas com a vida cotidiana das pessoas.

Nesse novo cenário é imprescindível a articulação entre os conteúdos da área de atuação profissional, as metodologias ativas e as tecnologias digitais, por meio de estratégias variadas, dispondo ainda de recursos tecnológicos que possibilitam a participação ativa dos sujeitos, a interação, a colaboração, a troca de conhecimentos e a produção criativa de conteúdo autoral.

Além disso, o professor precisa dar conta das **competências socioemocionais**, seja para aperfeiçoar as suas competências, seja para mediar o desenvolvimento delas no estudante, de modo que possam autoconhecer-se, relacionar-se, lidar com mudanças, aprender coisas novas e preservar o equilíbrio emocional diante dos desafios implicados na dinâmica de mudanças do mundo.

Outro aspecto a ser desenvolvido pelo professor é a gradativa tomada de consciência de seus **valores**, da sua capacidade de **influenciar** positivamente para transformar a vida das pessoas e **produzir** conhecimentos **inovadores,** a partir da resolução de problemas, que dão maior significado e efetividade aos processos de ensino e aprendizagem.

Nessa direção, os processos de formação dos professores devem prever, além dos conteúdos e metodologias que adotará em suas práticas, a sua preparação para assumir o papel de mediador, facilitador, inspirador, mentor, produtor e curador de conhecimentos e experiências, vez que "nunca se produziu tanto conhecimento, num prazo tão curto e disseminado de forma tão rápida" (CORTELLA, 2015, p. 22-23).

Nesse sentido, é preciso romper com a lógica da centralização do conhecimento no professor e da correspondência biunívoca que sempre prevaleceu na escola – a relação de "um pra um", ou seja, cada elemento de um conjunto está somente associado a um, e só um, elemento do outro, por exemplo, um professor que ensina e um aluno que aprende. Isso significa instaurar a lógica do modelo "todos para todos", que pressupõe a aprendizagem colaborativa, o compartilhamento de saberes, inquietações, dúvidas, hipóteses, ideias, enfim, um modelo em que professores e alunos estabelecem relações horizontais entre si, com os objetos de conhecimento e com os outros tantos interlocutores, seja em interações presenciais ou remotas possibilitadas pelas tecnologias digitais.

Nesse contexto, o não saber não deve ser tomado como um obstáculo, mas como oportunidade. Ou seja, o sujeito deve tomar consciência de que é naquilo que ele desconhece que está a sua possibilidade de renovação.

A pandemia nos colocou como sujeitos desta distopia, e cabe a nós – educadores – encontrar formas de superar os desafios impostos pela crise, tirando dela as melhores lições. Quando se trata de educação, um futuro desejado talvez seja aquele em que todas as pessoas conseguem aprender de acordo com as suas temporalidades, interesses, saberes, estilos, reconhecendo desde cedo seus potenciais e aptidões (PINHO, 2012).

Na esteira dessas reflexões, reitera-se que é fundamental a transformação da escola e de suas práticas pedagógicas para que os estudantes se tornem protagonistas de sua vida, capazes de unir a tecnologia à inteligência social e emocional, de forma crítica, criativa, sustentável e produtiva, criando soluções relevantes para a comunidade e transformando realidades.

Referências

BRASIL. Ministério da educação. *Base Nacional Comum Curricular*. Brasília, 2018. Disponível em: <http://basenacionalcomum.mec.gov.br/images/BNCC_EI_EF_110518_versaofinal_site.pdf>. Acesso em: 01 out. de 2020.

CHRISTENSEN, C. M. *O dilema da inovação*: quando as novas tecnologias levam empresas ao fracasso. São Paulo, SP: Makron Books Editora, 2019.

CORTELLA, Mario Sergio; DIMENSTEIN, Gilberto. *A era da curadoria*: o que importa é saber o que importa. (Educação e formação de pessoas em tempos velozes). Campinas, SP: Papirus 7 Mares, 2015.

FREIRE, Paulo. *Pedagogia da indignação*: cartas pedagógicas e outros escritos. Apresentação de Ana Maria Araújo Freire. Carta-prefácio de Balduino A. Andreola. São Paulo: Editora UNESP, 2000.

GARGANO, Rafael. *A ideologia do novo normal*. Disponível em: <http://aredacao.com.br/artigos/135254/a-ideologia-do-novo-normal>. Acesso em: 14 out. de 2020.

HARARI, Yuval Noah. *21 lições para o século 21*. Tradução de Paulo Geiger. São Paulo: Companhia das Letras, 2018.

NÓVOA, António. *Educação em tempos de pandemia*. Entrevista por meio de live do facebook. Transmitida em 06 de abril de 2020. Sindicato Dos Professores Sindprofnh. Disponível em: <http://facebook.com/sindprofnh/videos/631629681020563>. Acesso em: 14 out. de 2020.

PINHO, A. S. T. de; SOUZA, E. C. de. O tempo escolar e o encontro com o outro: do ritmo padrão às simultaneidades. *Educação e Pesquisa*, 41(3), 663-678, 2015. Disponível em: <http://doi.org/10.1590/S1517-9702201507133096>. Acesso em: 20 out. de 2020.

PINHO, A. S. T. de. *O tempo escolar e o encontro com o outro: do ritmo à simultaneidade*. 2012. 274 f. Tese (Doutorado em Educação e Contemporaneidade) – Programa de Pós-graduação em Educação e Contemporaneidade, Universidade do Estado da Bahia, Salvador, 2012.

ROBINSON, Ken. *Escolas criativas*: a revolução que está transformando a educação. Porto Alegre: Editora Penso, 2018.

3

COMO MANTER O BEM-ESTAR DURANTE E APÓS OS PERÍODOS DE CRISE

No presente capítulo, demonstrarei como as emoções positivas podem nos auxiliar em momentos de crise, por mais inusitadas e inesperadas que elas sejam. Mencionei também, no decorrer do texto, as Forças de Caráter, dando exemplos de como podemos nos valer dos seus benefícios em qualquer situação, de crise ou não.

CARMEN SILVIA BADRA

Carmen Silvia Badra

Psicóloga formada pela Universidade São Marcos, com MBA Executivo em Desenvolvimento Humano e Psicologia Positiva (IPOG), MBA em Gestão de Pessoas (Universidade Anhembi Morumbi) e pós-graduação em Administração de Recursos Humanos (UNIP). *Practitioner* em Forças de Caráter pelo Instituto Flow de Psicologia Positiva. *Coach* executivo e *coach* de carreira certificada pelo ICI. Formação em Psicodrama Pedagógico. Atuação como psicóloga positiva e *coach* no desenvolvimento de competências profissionais, comportamentais e orientação de carreira. Realização de trabalho voluntário em ONGs, no direcionamento de profissões com jovens. Grande experiência na área de RH em empresas de grande porte. Palestrante.

Contatos
carmensilviabadra.com
carmensilviabadra@gmail.com
LinkedIn: linkedin.com/in/carmensilviabadra
Facebook: facebook.com/carmensilviabadra
Instagram: @carmensilviabadra
11 99976-5284

O presente capítulo revela como as emoções positivas e as Forças de Caráter promovem bem-estar e felicidade em momentos de crise e como podemos sempre mantê-las vivas.

Quando falamos em emoções positivas, como alegria, serenidade, entusiasmo, entre tantas outras, nos referimos a sentimentos agradáveis. Segundo a pesquisadora Barbara Fredrickson (2009), "a primeira verdade essencial sobre as emoções positivas é que elas abrem nossos corações e mentes, tornando-nos mais receptivos e mais criativos".

Forças de Caráter, segundo Park, Peterson & Seligman (2004) são: "capacidade de pensar, sentir e comportar-se". Niemiec (2014) define como: "características positivas que são centrais para nosso ser/identidade e fazer/comportamento". Alguns exemplos das 24 forças que temos são: gratidão, prudência, liderança, integridade e trabalho em equipe. Em outras palavras, elas nos expressam e aumentam nossa positividade, colaborando assim para o bem-estar coletivo. As 24 forças estão divididas em 6 grupos, sendo que cada grupo corresponde a uma virtude. Vide tabela.

Virtudes são características humanas universais. Após extenso estudo envolvendo áreas como psicologia, filosofia, teologia, entre outras, as virtudes foram classificadas em 6 grupos: sabedoria, coragem, humanidade, justiça, temperança e transcendência. As forças de caráter são os caminhos para cada uma das virtudes.

Pois bem. Estávamos em março de 2020 — mês que entrou para a história do mundo e da nossa vida, para cada pessoa de um jeito —, ao acordarmos certa manhã após o carnaval, o trânsito tinha acabado, as pessoas estavam recolhidas em suas casas e os escritórios fechados.

E agora? O que fazer? Para onde ir? Vivíamos uma pandemia e nos perguntávamos: "O que é isso? Como assim, nós também fomos afetados?" A mídia noticiava exaustivamente o número de mortos pelo mundo e especulava muito a respeito. Tínhamos alguns fatos a enfrentar: lidar com o nosso medo e com a falta de respostas; explicar às crianças por que estavam em casa, se não eram férias; orientar nossos idosos quanto aos cuidados dobrados de higiene; e nos organizarmos para trabalhar em *home office*.

Não foi fácil, pois tudo era novo! Utilizando as Forças de Caráter, como criatividade, vitalidade, autocontrole e perseverança, definimos o local de trabalho, conseguimos ignorar o cachorro latindo, a geladeira ali à disposição, a cama quentinha pela manhã, entre outras distrações.

Iniciou-se então a etapa de aprendizagem para trabalharmos em ambiente virtual: como usar os recursos das salas e como apresentar os trabalhos realizados da melhor maneira possível? Vencemos resistências internas, aguçamos a curiosidade, o amor ao aprendizado e praticamos muito. Cada vitória, mesmo que pequena, foi celebrada.

Nosso lazer era em casa com a família. TV, videogames, jogos, leitura, conversas. Com o céu mais limpo (por causa da diminuição na circulação de veículos nas grandes cidades), apreciamos belíssimos pores do sol e noites estreladas. Até os periquitos comemoraram com muita algazarra na frondosa árvore de frente, que nunca esteve tão bela. Agradecíamos por estarmos juntos, saudáveis e pelas belezas vistas através da janela. Com os amigos, apenas encontros virtuais. E aprendemos a apreciá-los, a ponto de nos maquiarmos para entrar nas salas de reunião.

E, assim, passaram-se os meses. Fazendo uma reflexão de como foi este período, podemos constatar que aprendemos e evoluímos muito em três aspectos: intelectual, emocional e espiritual.

Do lado racional, houve inúmeras *lives* interessantes a que assistimos gratuitamente, grupos *on-line* que disponibilizaram arquivos de livros maravilhosos, reuniões de estudo virtuais, além de muita aprendizagem para participar e usufruir disso tudo. Sem falar das consultas médicas e dos atendimentos psicológicos *on-line*, que exigiram grande adaptação dos profissionais e dos clientes.

Emocionalmente, voltamos para nós mesmos. Precisávamos ser positivos, ter planos para depois, definir os passos. Novamente, mais do que nunca, procuramos instintivamente desenvolver nossas abençoadas forças, mesmo sem conhecê-las, ou saber que existiam, pois com bom humor, esperança, humildade, entre outras, nos sentíamos mais fortalecidos.

Passamos a cuidar mais do lado espiritual: começamos a orar com mais fé, a meditar, a observar os pequenos detalhes do dia a dia na nossa casa, na convivência diária e a valorizá-los.

O sentimento de solidariedade nos invadiu. Ajudamos a arrecadar e distribuir roupas, alimentos e nos sentimos felizes com isso. Assistimos a grandes shows com artistas renomados, cuja renda foi totalmente doada e nos comovemos com esses atos. Conscientizamo-nos então de muitos preceitos que só estavam a nível intelectual, como: "juntos somos mais fortes", "não podemos tudo", que "conseguimos nos adaptar a tudo" e unidos, nos ajudamos.

Claro que também vivenciamos dias difíceis, porque tivemos pensamentos sombrios sobre o mundo, o nosso futuro e sentimos medo, tristeza, raiva, entre outras emoções negativas, mas também as enfrentamos.

Ainda não passou. Embora esteja passando... E como será? É inegável o fato de que ocorreram muitas mudanças no mundo e conosco. Já conseguimos ver as vantagens de, por exemplo, trabalhar em *home office* e fazer consultas *on-line*, com menos desgaste no trânsito e mais tempo livre, desenvolvemos foco e concentração no trabalho, percebemos que somos capazes de aprender qualquer coisa, inclusive as mais aborrecidas e desafiadoras, entre outros ganhos. Mas o mais importante que quero destacar é que, mesmo vivendo um momento inusitado e sombrio, conseguimos nos adaptar, sobreviver e valorizar o lado positivo das situações.

Adotamos algumas estratégias simples, porém eficazes, que nos sustentaram emocionalmente neste período e que devem continuar para sempre, pois nos ajudam e trazem bem-estar, por exemplo, adotar agenda para nos organizarmos melhor, incluindo tudo, até o horário da meditação. Essa organização ajuda a desenvolver a disciplina, além de criar rotinas.

Outras providências são rever os projetos de vida, metas e refletir como estou me preparando para alcançá-los, desenvolver a esperança que, na definição de Snyder é o "Processo que leva uma pessoa a pensar em seus objetivos, com a motivação para persegui-los e os meios para alcançá-los", ou seja, ter uma meta, os caminhos e a energia para seguir em frente.

Entre tantos outros exemplos, gostaria de mencionar a importância de se desenvolver a gratidão. Um dos exercícios mais recomendados é adotar o Diário da Gratidão, onde se registram três coisas boas que aconteceram durante o dia, mesmo as coisas pequenas, e por que sou grata por elas. Essa prática nos permite ver que diariamente acontecem coisas positivas, em número maior que as negativas, e que cultivá-las nos traz bem-estar e positividade.

Atentar-se à gentileza no relacionamento com os outros e consigo foi outro desafio. Conviver 24 horas com as mesmas pessoas, mesmo sendo as mais caras para nós, em alguns momentos, gera conflitos.

Outras reflexões importantes que aprofundamos na pandemia e que devemos levar para a vida, revendo de tempos em tempos, se refere à nossa missão, ou seja, por que estou aqui. Estou usando meus talentos e habilidades da melhor forma possível? Tenho me aperfeiçoado? Qual legado vou deixar para as pessoas? E numa escala maior, pensando no propósito de vida, estou conseguindo "transbordar"? Em outras palavras, estou ajudando pessoas e instituições com as minhas qualidades intelectuais e pessoais? Consigo ver um sentido amplo no que faço, de forma que beneficie a mim e aos outros?

Ao relatar os fatos acima, vivenciados por todo o planeta, tive a intenção de demonstrar como as forças de caráter e as emoções positivas podem nos dar sustentação emocional nos momentos de crise. Precisamos sim, desenvolvê-las e mantê-las vivas na memória. Segundo Fredrickson (2009), devemos desenvolver uma relação 3/1 de positividade, ou seja, três emoções positivas para cada emoção negativa. Esse seria o quociente de positividade a partir do qual as pessoas começariam a florescer.

Quanto às emoções negativas, devemos sempre aceitá-las, acolhê-las e decifrá-las quando nos invadirem, procurando perceber qual mensagem querem nos transmitir. Segundo o psicólogo Rick Hanson (2015), "os seres humanos evoluíram para ficar com medo – já que isso ajudou a manter nossos ancestrais vivos –, por isso somos muito vulneráveis a ficar assustados e até intimidados por ameaças, tanto reais quanto imagináveis – os tigres de papel". Ou seja, para nossa sobrevivência enquanto seres humanos que dependiam da caça, demos prioridade ao negativismo, estando sempre alerta aos possíveis perigos, mesmo que hoje sejam "tigres de papel": situações não ameaçadoras que percebemos como alarmantes. Na prática, nosso cérebro retém as experiências negativas e muitas vezes não valoriza ou esquece com facilidade as positivas. Ainda de acordo com Hanson (2015), nosso cérebro desenvolveu um viés negativista, funcionando até hoje como um *velcro* para as emoções negativas e um *teflon* para as positivas. De acordo com Seligman (2011), "Se o único que tivéssemos fossem emoções positivas, nossa espécie já teria morrido há muito tempo".

Existem recursos que nos ajudam a manter a positividade: celebrar pequenas vitórias, lembrar-se dos desafios enfrentados com sucesso e nos fortalecemos com essa lembrança nos momentos difíceis, manter o relacionamento com os amigos, garantir que os projetos de vida continuem vivos, ser otimista, meditar e fazer exercícios físicos regulares. Segundo Seligman (2011), "A vida traz os mesmos contratempos e tragédias para os otimistas e pessimistas, mas o otimista resiste melhor".

Concluindo, por meio do autoconhecimento, acessamos nossas Forças de Caráter. Elas são consideradas a "espinha dorsal" da Psicologia Positiva. Ajudar a desenvolvê-las, a vivenciar as emoções positivas e a descobrir os talentos intelectuais, tornando-se mais feliz, é o papel do *coach* ou psicólogo positivo.

Tabela das 6 Virtudes e 24 Forças de Caráter

SABEDORIA	CORAGEM	HUMANIDADE	JUSTIÇA	TEMPERANÇA	TRANSCEDÊNCIA
Criatividade	Bravura	Amor	Trabalho em Equipe	Perdão	Apreciação da Beleza e da Excelência
Curiosidade	Perseverança	Generosidade	Justiça	Humildade	Gratidão
Critério	Integridade	Inteligência Social	Liderança	Prudência	Esperança
Amor ao Aprendizado	Vitalidade			Autocontrole	Humor
Perspectiva					Espiritualidade

Fonte: VIA Institute.

Referências

FREDRICKSON, Barbara. *Positividade*: descubra a força das emoções positivas, supere a negatividade e viva plenamente. Rio de Janeiro: Editora Rocco, 2009.

NIEMIEC, Ryan M. *Intervenções com Forças de Caráter*. São Paulo: Editora Vida Integral, 2019.

SELIGMAN, Martin. *Florescer*. Rio de Janeiro: Objetiva, 2011.

HANSON, Rick. *O cérebro e a Felicidade*: como treinar sua mente para atrair serenidade, amor e autoconfiança. São Paulo: Martins Fontes, 2015.

4

ACONTECEU NA QUARENTENA

A vida é a arte do encontro, embora haja tanto desencontro pela vida.
Assim deixou marcado Vinicius de Moraes. Aqui, em minha vida, um ocasional encontro. Um afastamento. Um reencontro. Mais um afastamento, que anunciava um fim. Mas como também registrou o nosso Grande Poeta: "A vida não é brincadeira, amigo. Há sempre 'alguém' à sua espera. Com os olhos cheios de carinho e as mãos cheias de perdão. Ponha um pouco de amor na sua vida."
Surpresas podem acontecer, até na quarentena...

CILENE MARIA CAVALCANTI

Cilene Maria Cavalcanti

Graduada em Pedagogia (bacharelado e licenciatura plena), pela Universidade do Estado do Rio de Janeiro (2006). Psicanalista clínica e mestre em Teorias Psicanalíticas, pela Escola de Psicanálise do Rio de Janeiro (2015). Atua como orientadora educacional no município de Queimados-RJ e como coordenadora pedagógica no município de Nova Iguaçu-RJ. Apresentou a oficina *O uso do gibi na formação de leitores*, no Fórum de Queimados, em 2006. Possui dois projetos publicados no Portal do MEC (Edições 86 e 96, de 2013). Palestrante: *Saúde Emocional* e *Educação*. Foi palestrante na Feira Literária da Baixada, em 2017. Lançou o livro, *Lygia Bojunga e suas histórias: um caminho para o autoconhecimento e desenvolvimento cognitivo*, nas edições XVIII e XIX da Bienal Internacional do Livro do Rio de Janeiro, em 2017 e 2019. Atualmente, participa nos projetos dos livros *Coletânea Literare — memórias, histórias e estratégias capazes de revolucionar vidas* no prelo, *Autismo: um olhar por inteiro*, e deste *Passou... e agora?*, pela Editora Literare Books. É membro da Academia de Artes e Letras Internacional da Baixada Fluminense e Brasil - AALIBB, ligada à Editora Litere-se, Queimados-RJ, com duas publicações: *Veias da baixada*, de 2020, e *As telas e elas*. Premiada pela AALIBB com a Medalha Alma de Poeta.

Contatos
cilenefenix@gmail.com
Facebook: facebook.com/cilene.cavalcanti.18
facebook.com/LygiaBojungaeSuasHistorias/
Instagram: @psicanalistacicavalcanti

Quando menos esperarmos o que desejamos, pedimos ou sonhamos, acontece. Todos nós temos sonhos. Realizei um dos meus – o de escrever um livro.

Com o texto pronto, saí à procura de editá-lo. Indicaram-me uma pessoa para diagramar e então enviei o manuscrito. Quem recebeu o meu trabalho era editor, o que eu não sabia. Quando nos falamos, ele me disse que gostou e que desejaria publicá-lo.

Foi dupla a alegria! Por ter uma editora interessada em publicar meu trabalho e por ter meu texto selecionado para participar da Bienal Internacional do Livro do Rio de Janeiro. Uma conquista disparou a outra.

O meu editor esteve presente na abertura do evento de lançamento. A relação profissional, entre escritora e editor se estabeleceu e eu ganhei um amigo.

Voltamos a nos encontrar, no ano seguinte, para tratar da segunda edição do livro, que também foi para a Bienal.

A carreira foi evoluindo. Tive mais uma oportunidade, com uma nova obra, em outra editora. No processo, deparei-me com uma dificuldade. Lembrei-me do editor de minha primeira publicação, mas não nos contatávamos havia mais de um ano.

Meu primeiro editor parecia a pessoa certa para me auxiliar com esta dificuldade. Decido telefonar para ele e pedir ajuda. Conversamos sobre o assunto. Mesmo sabendo que o livro seria publicado por outra editora, ele me responde dizendo que sim, que me ajudaria. Escuta o meu pequeno drama e pede um tempo para tentar solucioná-lo.

Nessa mesma semana, mais um hiato na troca de comunicação. O silêncio se arrastava.

Volto a ligar. Ainda sem tocar no assunto, pergunto-lhe como estava enfrentando a quarentena, ele então me diz:

> A cada vinte quatro horas, a quietude é praticamente a mesma: do raiar do dia, até o sol ir embora, apenas os ruídos da casa e o cantar de alguns pássaros quebrava a monotonia. Além do sempre badalar do sino de uma igreja, próxima aqui de casa, às 18h, e palmas de agradecimento para um vizinho após entoar canções de Roberto Carlos.

Ainda informou que julgava ter encontrado a solução para o meu pedido. Apresentou-me o que resolveria o empecilho. Eu agradeço e digo que, mais uma vez, é ele quem me acolhe, fornecendo-me, agora, luz à minha insolúvel questão.

Vários dias passam. Em uma solitária noite de sexta-feira, o "editor amigo", ao verificar mensagens à 1 hora e 19 minutos da madrugada, percebeu que eu estava à rede social.

De repente, e não mais que de repente, em mensagem jamais esperada, ele escreve: "Vai dormir...".

Imediatamente, e no mesmo minuto, surpreendida, e reconhecendo quem escreveu, eu me manifestei. Após minha reação de risos, registrei em palavras: "Depois de você...".
Nos cumprimentamos. Ele não escreve mais. Estava fora da Internet.
Mas tudo mudou em nossas vidas. Os dias seguiram e as conversas ao telefone se estendiam... Chegamos a conversar por horas... todos os dias... todas as semanas...
Até que o "editor amigo" – imaginando um encontro de almoço – decidiu falar, num tom de brincadeira: "É NAMORO OU AMIZADE?".
Passado mais um tempinho, eu escrevo para ele, *Desejos*:

Um dia se fez
o que eu tinha por desejo.
E também, neste dia,
uma admiração com o ensejo.

Meu novo sentir,
seria impossível?

Bem depois, outro contato se fez.
Uma troca de falas surgiu,
e passamos a sentir falta, um do outro.
E, de repente, com um pedido ele reagiu.

Quero fazer você feliz se sentir!
É possível?

Ele responde também com um poema, *Sonho mulher*:

Pitanga no jardim de ramagem verdinha,
de olhinhos bem redondos e negros.
Mulher menina a me esperar,
vida e desejo a meus sonhos presos.

Meu sonho de bela imagem,
pele macia de toque suave.
Meu luar de brilho e coragem,
meu rumo e paz – minha mulher.

Um encontro se fez, e se desfez.
Desencontros podem ocorrer,
mas uma providência o refez.

União que, por fim, brotou.
Meu coração pulsa e vibra com paixão.
E rebate seu amor com afeição.

E tudo aconteceu na quarentena. E continua acontecendo.
Amizade em forma de namoro.

5

NOVO TEMPO, NOVA HISTÓRIA

Neste capítulo construiremos juntos uma nova mentalidade com base na inteligência emocional, aprendendo a nos reinventar e nos construir para viver um futuro extraordinário, pela renovação da nossa visão e mente, tendo autoconhecimento e autorresponsabilidade sobre nossos atos e decisões, ressignificando traumas, culpas e crenças limitantes. Prepare-se para ser impactado e viver um novo tempo e uma nova história!

DÉBORA NOGUEIRA DA SILVA

Débora Nogueira da Silva

Terapeuta psicanalítica e *coach* de inteligência emocional formada pela Universidade Estácio. Estudou Psicologia na Universidade de Mogi das Cruzes e atuou na área da saúde com formação pela Universidade Brás Cubas. Seu diferencial é ter superado traumas de infância com a perda da sua mãe aos 12 anos de idade, ter superado problemas com drogas na sua família, ter passado por três quebras empresariais e ter se tornado uma das maiores empresárias de São Paulo na área da reciclagem. Porém, seu propósito de ajudar pessoas a se superar foi maior. Casou-se e teve que transpor dificuldades no casamento devido à falta de formação materna. Teve dois filhos e tem se dedicado a buscar evolução e a ajudar pessoas a buscarem também. Possui mais de 1.000 horas de atendimento terapêutico com muitos relatos emocionantes.

Contatos
dfnogueira2003@yahoo.com.br
Facebook: facebook.com/deboranogueira.silva
Instagram: @deboranogueirasilva
11 97436-3205

Bem-vindo ao novo tempo! Sua história passou por uma vírgula, mas não foi um ponto final. O livro da vida continua sendo escrito. Vamos, juntos, construir uma nova mentalidade, superar traumas, bloqueios e crenças limitantes, que podem impedir seu crescimento e seu sucesso.

- E agora que passou e sobreviveu, você deve estar se perguntando: "Está na hora de viver da melhor forma possível, mas como? O que fazer? Como vai ser?"
- Consequentemente, após essa pandemia do Coronavírus, você pode estar se perguntando como vai ser. Como vou conseguir me adaptar?
- O que tínhamos como normalidade mudou por completo. O que fazer mediante a toda essa situação?
- Como você tem construído esse tempo?

Construir o tempo que se quer realmente viver deve fazer parte de uma missão e propósito de vida. A casualidade é inimiga do tempo que queremos de fato viver, pois ele deve ser construído consciente, inconsciente e diariamente. Faz-se necessário uma preparação para todas as estações representadas por esse tempo, assim como as estações do ano: primavera, verão, outono e inverno. Mantendo nosso otimismo mediante a primavera e verão, mas não negligenciando para estarmos prontos para enfrentar o outono e inverno. Tudo com maestria, sendo sempre resilientes, mantendo a força em nosso espírito, corpo e alma.

Vamos nos basear no livro mais antigo que existe, cujos ensinamentos perpetuam de geração em geração, mostrando verdades absolutas e a melhor forma do homem viver e se superar em tempos difíceis sem abordar questões religiosas.

Um dos maiores homens que mudou toda história, gerações e até o calendário, foi Jesus Cristo, sendo homem e, ao mesmo tempo, Deus. Ensinou toda uma geração a viver um tempo totalmente extraordinário, quebrando preconceitos e paradigmas; ensinando o perdão, amor, superação etc. Um verdadeiro exemplo a ser seguido. Deixou um fortíssimo legado e uma mudança de mente para um novo tempo que não se vivia, mas se esperava, sendo construído aos poucos e transformando toda uma geração até os dias atuais.

Qual é o tempo que realmente se quer viver? Decida e se responsabilize por ele. Só não o perca de vista. Use-o para realizar, fazer acontecer seus planejamentos, não o desperdice, pois a moeda mais cara que existe é o tempo. Simplesmente ele não volta mais, nem todo o dinheiro ou poder pode comprar ou adquirir mais alguns anos de vida. Então valorize-o, não permita que passe em vão. O passado não tem como ser modificado. Mas tenho uma ótima notícia. Você tem o hoje, o aqui e o agora. Você tem um futuro intacto ao seu dispor para se construir de modo brilhante, e só depende de você, um tempo de paz, fé, amor e esperança.

Faça da sua vida algo simplesmente incrível!

À frente, trabalharemos juntos quatro passos que podem ajudar a superar esse cenário que atingiu a saúde humana, colocando em risco toda a nossa espécie, com muitas mortes. Quem sobreviveu a essa pandemia também sofreu com a saúde emocional e psicológica.

Mas antes vamos caminhar, refletir e construir alguns pensamentos juntos.

Cabe a nós estabelecermos uma nova conexão, atrelando nossa autorresponsabilidade em uma nova forma de ver, sentir, viver e se comportar de modo diferente, em relação a tudo ao nosso redor. Um vírus veio para nos mostrar o quanto somos de fato vulneráveis e ao mesmo tempo fortes. Mas nossa força vem de onde?

A ciência vem trazendo, respaldando e comprovando a existência de uma força maior que rege toda a humanidade, conduz com destreza e muita excelência absolutamente tudo e todo o universo.

Não é algo meramente humano ou natural, mas sim transcendental e sobrenatural que foge de uma teoria humana ou da capacidade dela, sendo composta sem limitações por um ser Sobrenatural e Divino. Tendo essa clareza das nossas limitações e forças estabelecidas, fica mais fácil identificar como agir, no modo de agir, sentir e viver. Obtém-se, assim, uma consciência de uma totalidade. Mais uma vez reforço que não se trata de religião, mas sim de ensinamentos que excedem todo o entendimento e princípios comprovados cientificamente e ensinamentos que sustentam o homem nos momentos mais difíceis da vida e que vamos entender juntos.

A partir de agora, não predomina mais o "eu" e sim o "nós", produzindo juntos uma consciência maior, sabendo que a nossa singularidade só existe dentro da nossa pluralidade.

Reinventando e construindo o futuro

Reinventar-se em todo o tempo trará inovação a sua vida, porque dificuldades e crises podem esconder as maiores e melhores oportunidades de mudança, transformação e crescimento. Estejamos atentos!

Você pode e tem a responsabilidade de fazer acontecer. Não transfira essa tarefa a terceiros. Saia da zona de conforto. Encare seus medos e incertezas. Mostre quem realmente manda, somente assim você passará de nível.

Proatividade e protagonismo da nossa própria história permitirá construir a história que se quer, e não a história que vier.

Transformando a visão

Tudo depende de uma nova visão. Temos uma visão positiva ou negativa em relação aos fatos e acontecimentos? Podemos ver a mesma coisa com diferentes interpretações, porque tudo está intrinsicamente ligado às nossas vivências de um modo bem particular, peculiar e subjetivo. Por esse motivo, ressignificar determinadas vivências se faz necessário, sendo vital para ter essa nova visão que fará parte desse novo tempo. Seja um visionário!

Isso não significa fazer de conta que nada aconteceu ou que simplesmente não existe, o que de fato é necessário é vivenciar com intensidade e de forma rápida toda dor, perda ou dificuldade e se restabelecer com resiliência, entendendo que o que está dentro da sua possibilidade será feito e o que não estiver não vai te paralisar. Ninguém é para sempre, cada um tem seu tempo de vida. Ninguém passa por este mundo ileso de dor, então não se sinta o único a passar por sofrimentos. Todos temos dificuldades e aflições, mas tenha bom ânimo.

Se seus olhos forem bons, seu corpo terá luz.

Autoconhecimento

Conhecer-se é simplesmente vital para se construir uma nova história e vivenciar um novo tempo. Entender de fato quem somos vai muito além de achismos e suposições. Reconhecer os próprios pontos fortes e fracos te fará chegar mais longe e, consequentemente, de um modo mais rápido e eficaz.

Saber sua própria personalidade e temperamento já é um ótimo caminho. Sabemos que existe alguns tipos de temperamentos, como:

Melancólico (voltado a si mesmo):

Emoções: capacidade analítica, pensador profundo, dado a reflexões, música e artes.
Pontos negativos: pessimista; está sempre vendo o lado negativo das coisas, deprimido e triste.
Pontos positivos: trabalhos analíticos; conhece suas próprias limitações; tem profunda afeição pelos amigos.

Fleumático (introvertido)

Emoções: calmo e de fácil convivência.
Pontos negativos: falta de confiança, passivo e indiferente, pessimista, teimoso.
Pontos positivos: planejador, eficiente, conservador, diplomata, pacifista, bom senso de humor, muitos amigos.

Colérico (extrovertido)

Emoções: autoconfiante, firme ao tomar decisões, otimista, destemido, corajoso, determinações fortes.
Pontos negativos: fortemente obstinado, frio e sem sentimentos, insensível, duro, impetuoso, violento e incompassivo.
Pontos positivos: não desanima facilmente; bom incentivador; sabe exortar bem; nunca é intimado pelas circunstâncias; tem força de liderança.

Sanguíneo (descontraído)

Emoções: encanto pessoal, afável, vivaz, conversa bastante – nunca lhe falta assunto, conversa contagiante.

Pontos negativos: exagera na verdade, parece falso, age impetuosamente, emotivo, impulsivo.

Pontos positivos: vive o presente; gera entusiasmo nos outros; envolve-se facilmente em novos projetos; faz amigos facilmente; agradável e otimista.

E aí, identificou-se com algum? Fez sentido para você?

Seja sempre você mesmo em um modo de aperfeiçoamento constante. Nosso temperamento é parte permanente da nossa personalidade, e ele ficará conosco do início até o fim. Ele poderá modificar-se um pouco durante certos períodos de nossa vida, da juventude à vida adulta. Desfrute as descobertas de seu temperamento, dos pontos positivos e trabalhe para a evolução dos pontos negativos, obtendo assim uma grande evolução para então desfrutar desse novo tempo.

Inteligência emocional

Faça acontecer o sucesso; o tempo é hoje e o momento é agora!

Não deixe nada para amanhã. Vença a procrastinação, movimente-se; a vida não para! Esteja em constante movimento; organize-se e faça o que é preciso fazer. Não só o que se tem vontade, mas o que é necessário fazer; enxergar e fazer o óbvio que ninguém fez. Isso também é excepcional!

Aqui estão algumas dicas para fortalecimento emocional:

Fortalecer vínculos

Família é a base de toda a sociedade, e nossa maior estrutura; amigos, colegas e novas amizades nos ajudam com as nossas emoções, pois somos seres sociáveis. Não se isole! Relacionar-se de uma forma mais íntima e forte, saindo de uma superficialidade, torna-nos mais significativos na vida das pessoas; e o senso de gratidão por contribuir na vida de alguém e a gratidão delas, quando existe, trabalha fortemente nossas emoções de maneira positiva. Relacionar-se socialmente é necessário; afinal, somos seres sociáveis. Ninguém nasceu para ser sozinho, ninguém pode ser totalmente feliz sozinho. Manter essa troca nos relacionamentos e comunicação nos mantêm saudáveis; pode ser pelas mídias sociais, telefone ou pessoalmente. A melhor forma é pessoalmente, sendo possível. Mas que seja por inteiro, com uma conexão e entrega verdadeira ao outro.

Definição de prioridades

Definir prioridades traz alta *performance* com foco no que realmente tem valor. Infelizmente, algumas pessoas só conseguem enxergar o erro da falta de definição de prioridades na velhice e lamentam. Sendo assim, aprenda com os erros dos mais velhos para você não lamentar na sua velhice. Uma sequência por ordem de importância com entendimento bíblico é:

Deus, saúde, família, trabalho, estudos, *hobbies*, diversão, viagens etc.

Redefinir ou estabelecer identidade

Conhecer quem realmente somos ou quem queremos ser é o primeiro passo para nossa humanidade. Quem realmente somos? O que nos faz feliz? Quais são nossos pontos fortes e fracos? Quais são nossas qualidades que ninguém mais possui? Invista nesses pontos e seja autêntico. Você é único(a); nunca existiu e jamais existirá alguém como você.

Propósito

Descobrir o propósito existencial e trabalhar nele é o que pode acontecer de melhor na vida de qualquer pessoa, pois dessa forma temos a sensação de que não trabalhamos nenhum dia da nossa vida. "O segredo do sucesso é a constância do propósito" – Benjamin Disraeli. "Tudo tem um propósito debaixo do céu" (Eclesiastes, Cap. 3:1). Quanto mais distante do seu propósito de vida você estiver, mais insatisfeito(a) você viverá. Suas decisões podem potencializar ou paralisar o plano transcendental para sua vida; decida com sabedoria.

Como identificar seu propósito? *Propósito* é o que você ama fazer e faria sem receber nenhum pagamento ou dinheiro, aquilo que te enche de alegria e satisfação, mesmo sem receber nada em troca, aquilo que contribui para outras pessoas.

Quer viver seu propósito? Aprenda a dominar seus medos. Só quem supera todo o processo pode viver plenamente seu propósito.

Domínio das emoções

Desenvolver e refinar a arte do domínio das emoções é essencial para uma vida saudável, sobretudo após esse período de pandemia e crise mundial pelo qual passamos. É necessário que estejamos no domínio, não sendo reféns das nossas emoções. Precisamos entender que esses domínios são estabelecidos dentro de princípios milenares e imutáveis já citados há milhões de anos em um dos livros mais lidos e antigos do mundo, a Bíblia, que é, sem dúvida, um dos melhores e mais atuais. Ela relata e tem como base muito bem estabelecida o domínio próprio, ou seja, alto domínio de si mesmo. É a essência da inteligência emocional denotando a soberania de Deus. Possui ilustrações que promovem liberdade, dentro da inteligência emocional, instruções contidas em seus versos para não nos deixar ou permitir se conduzir de maneira errada pelas situações, circunstâncias e sentimentos. Ela possui orientações e direcionamentos dotados de conhecimento e sabedoria para não sermos dominados pelas emoções ruins que afloram em nossa natureza humana; mas ensina estar no seu domínio, ter domínio próprio mediante a situações diversas, como é bem citado em Gálatas, Capítulo 5 (Frutos do Espírito e da Carne) para que cada vez mais possamos ter a consciência do privilégio e do milagre da Vida em seu início, mas também fazendo-a valer a pena de maneira crescente a cada minuto, a cada hora, dia, mês e ano e nesses aspectos bem estabelecidos. Imaginemos como será daqui para a frente! Busquemos uma vida livre, plena, feliz, satisfeita em amor, cuidado e dedicação a Deus, a si mesmo e ao próximo, uma total plenitude.

Vale lembrar que como estamos não define quem realmente somos. Existe um futuro aguardando as novidades da sua melhor versão.

Hoje vivemos um novo tempo, tempo de mudança, tempo de transformação, tempo de decisão, tempo de plenitude, tempo de cura, tempo de esperança e, acima de tudo, tempo de superação. Para todas as coisas há um tempo. Este é o seu tempo, acredite!

Decida não ficar de fora; faça parte deste novo tempo e desta nova história você também!

Referências

BRUNET, T. *Especialista em Pessoas*. São Paulo: Editora Planeta do Brasil, 2020.

LAHAYE, B. *Mulher controlada pelo Espírito*. 5. ed. Curitiba: Editora Betânia, 1981.

BÍBLIA. *Nova versão internacional*. 3. ed. São Paulo: Editora Vida, 2018.

6

STORYTELLING DE *UPGRADE* PESSOAL E PROFISSIONAL

Este capítulo procura provocar o leitor quanto às mudanças e transformações necessárias neste e após este período único na história da humanidade. Consolida os resultados de pesquisas científicas, experimentações, práticas e, principalmente, o que o autor pensa e pratica, refletindo em *insights* que devem ser adotados por pessoas que desejam evoluir no cenário contemporâneo, nacional e internacional, e obter destaque como protagonista da própria história.

EDMIR KUAZAQUI

Foto: Felipe Yamamoto Kuazaqui

Edmir Kuazaqui

Doutor e mestre em Administração. Consultor presidente da Academia de Talentos (consultoria e treinamentos). Coordenador do Grupo de Excelência em Relações Internacionais e Comércio Exterior do CRA/SP. Profissional de carreira em empresas multinacionais. Coordenador e professor dos MBA's em Administração Geral, Pedagogia Empresarial, Formação de Consultores, Marketing Internacional e Formação de Traders, Compras, Comunicação e Jornalismo Digital, Gestão de Pessoas na Era Digital, Startups: Marketing e Negócios. Professor da ESPM. Professor de cursos de pós-graduação em instituições brasileiras. Autor de livros, destacando *Gestão de Marketing 4.0: casos, modelos e ferramentas*, *Marketing para ambientes disruptivos* (Literare), *Relações Internacionais: desafios e oportunidades de negócios do Brasil* (Literare), *Administração por competências* e *Marketing cinematográfico e de games*. Palestrante com ampla vivência em mercados internacionais.

Contatos
academiadetalentos.com.br
ekuazaqui@uol.com.br
11 99154-2435

O ser humano se desenvolve a partir do seu nascimento e no decorrer de toda a sua vida, isso porque ainda não existem evidências científicas de que é possível também aprender no útero de sua mãe. Impressionante como, diferente de outras espécies — que já nascem e, por vezes, saem caminhando —, nós temos um longo ciclo de aprendizagem e desenvolvimento, seja sob o ponto de vista materno e de seus laços familiares, seja pelos relacionamentos sociais, profissionais e acadêmicos, que vão nos moldando não de forma homogênea, mas de maneira bem singular, de acordo com as diferentes características e ambiente onde vivemos.

Inicio o capítulo desta forma, pois escutei várias vezes que as pessoas nascem prontas. Não é a minha opinião e talvez não existam estudos científicos bem fundamentados que comprovem tal fato.

Este texto foi escrito a partir do que pensa o autor, do que ele acredita, de como este abstraiu o fenômeno do distanciamento social e, finalmente, das muitas pesquisas científicas e profissionais que realizou neste período.

H.G. Wells foi representado nos cinemas pelo diretor Byron Haskin, em 1953, com sua obra *A máquina do tempo*. Um dos pontos fortes da obra foi retratar como seria o futuro da humanidade caso não houvesse desafios para as pessoas e que poucos teriam o cuidado de preservar livros para as futuras gerações. Fazendo uma correlação entre a obra literária e a cinematográfica, o perfil do ser humano pode ser moldado de acordo com os desafios e as experiências que o meio onde vive proporciona, bem como da proatividade do indivíduo em criar experiências que o desafiem para ser melhor. Pode ser moldado mas não necessariamente é tudo que o influencia. O fato de algumas pessoas terem experiências negativas e/ou estarem em meio inóspito não significa dizer que este evoluirá para um perfil negativo, nem o contrário. Existe o livre-arbítrio, que conduz moral e eticamente as pessoas. Por outro lado, pessoas podem procurar novas experiências no decorrer de toda a sua vida, como aprender a dirigir, falar um novo idioma, desenvolver relacionamentos, empreender a partir da abertura de um novo negócio etc.

No primeiro filme da trilogia *De volta para o futuro*, dirigido por Robert Zemeckis, em 1985, temos o perfil de George McFly alterado no presente em virtude de uma situação que o levou a reagir no passado. Os movimentos que a vida nos proporciona, bem como aqueles derivados de nossas posturas e atitudes, nos trazem resultados que vão se incorporando ao desenvolvimento de nossas vidas. Então, temos fatores que vão desenvolvendo o indivíduo e, quanto mais desafiador for o ambiente e mais o mesmo indivíduo se desafiar, melhor serão as perspectivas de resultados.

Então, surge algo que era previsto, mas não imaginado: uma pandemia que trouxe uma série de consequências e impactos econômicos, sociais e por que não falar pessoais também? Não vamos perder tempo falando sobre a pandemia, pois trata-se de um fato lamentável que poderia ter sido evitado se houvesse maior responsabilidade das pessoas, empresas e organismos internacionais. Por razão de ter sido previamente divulgada pelos meios de comunicação, vamos falar sobre o que veio depois.

Especialmente no Brasil, notamos por parte das empresas uma possibilidade de mudanças, pois privou-se de receitas, empregos e relacionamentos a partir da instauração do distanciamento social. Sobressaiu a natureza animal, para não falar na humana, despertando o instinto de sobrevivência e a busca de formas, até criativas, de suprir as necessidades de curto prazo. Destacaram-se uma série de deficiências estruturais e situacionais de toda a sociedade. Como professor de Plano de Negócios e de Marketing, por exemplo, oriento e previno os alunos sobre diferentes formas de administrar uma empresa, inclusive da obrigatoriedade de ter uma reserva financeira estratégica que possa suportar um período de tempo sem receitas. Boa parte das empresas não tinham essa reserva, de forma a não terem um capital de giro suficiente para suprir os meses derivados do distanciamento social. Outras procuraram continuar os seus negócios e operações a partir das ferramentas digitais sem, contudo, estarem devidamente estruturadas e preparadas para atuar de forma satisfatória. Outras, nada fizeram. Podemos exemplificar pensando em uma criança com um novo brinquedo e sem saber como funciona. Porém, um fator importante foram as posturas e atitudes positivas de algumas pessoas. Vamos focar em algumas que considerei essenciais.

Relacionamentos mais humanizados

As incertezas e respectivas inseguranças levaram algumas pessoas a repensarem as suas posições sociais e profissionais no meio onde convivem com outras pessoas. Parte se retraiu e partiu em busca da recuperação dos prejuízos econômicos e financeiros; outras perceberam que situações dessa natureza podem e devem ser combatidas em grupos, que ganham força para a superação. Dessa forma, em detrimento aos objetivos simplesmente individuais, muitos passaram também a se preocupar com os outros. Assim, presenciamos (e espero, sinceramente, que continue dessa forma) diversas ações voluntárias no sentido de prestar assistencialismo aos que mais precisavam. Uma rede de *fast-foods*, por exemplo, utilizou as suas cozinhas ociosas e matéria-prima para a doação de lanches para profissionais da saúde e, de certa forma, aliviou a situação dos seus fornecedores de matéria-prima. Nem sempre as empresas e/ou mesmo as pessoas procuraram a autopromoção, o assistencialismo barato e irresponsável. Muito pelo contrário, solidariedade acima de tudo e sem uma divulgação comercial. Bom sinal dos tempos!

Comunicação e comportamento síncrono em aulas e treinamentos

Tenho escutado frequentemente que as aulas síncronas têm limitações. Não concordo, pois o meio é digital; para alguns limitado quanto às suas potencialidades em relação às aulas presenciais, mas a forma e a didática, não. Dessa forma, depende muito das competências de quem está utilizando as ferramentas de forma que o compartilhamento do aprendizado se realize. Por outro lado, o termo compartilhamento requer que duas ou mais pessoas estejam comprometidas com o processo de ensino e aprendizagem. Assim, quem recebe também deve ter o envolvimento e o engajamento para aprender algo, para receber de mente aberta os conhecimentos, e não simplesmente ser um expectador do processo. Pensando desse modo, uma das principais transformações do período de pós-pandemia é a possibilidade de novas posturas e atitudes, de forma a gerar melhores resultados. Pelo menos para algumas pessoas.

Capacidade de aprender, reaprender e apreender

O que vem primeiro: a teoria ou a prática? Aprendemos muitas vezes o que outros consideram como pontos importantes, mas nem sempre suficientes para todas as situações que um indivíduo possa experienciar em sua longa jornada de obtenção de conhecimentos e práticas. Poucas vezes o que aprendemos de forma padronizada significa ser importante e/ou relevante para garantir a sustentabilidade e sucesso de algo. Dessa forma, o aprender toma outras dimensões mais pragmáticas, que pode ser a necessidade de **deletar** o que foi aprendido e **inserir** outros conteúdos. Propositalmente, utilizei dois termos – deletar e inserir –, pois não se trata de um processo meramente de esquecer e adotar outro ponto de vista, como num texto, mas realmente **entender** o que pode continuar como aprendizado e o que deve ser adotado como inovação. Assim, o reaprender toma outras dimensões, no sentido de adotar outras posturas e atitudes, **compreender** e **apreender** melhor o atual e futuros cenários que estão sendo desenvolvidos.

Presença, pensamento e letramento digital

A transformação digital é uma realidade, e muitos já comentam sobre a pós-transformação, que influencia a Quarta Revolução Industrial por meio do aprofundamento dos relacionamentos digitais, mecanização e robotização do trabalho humano. O fenômeno da pandemia acelerou o processo da utilização tecnológica, reforçando a necessidade de preparo pelo lado das empresas e, principalmente, pelas pessoas. Nesse sentido, o letramento digital nos conduz à reflexão de que não é somente ter à sua disposição os equipamentos relativos à tecnologia, mas os conhecimentos e práticas suficientes que nortearão a utilização dessa mesma ferramenta, pois envolve mudanças comportamentais importantes na sociedade. Conforme Kuazaqui; Haddad; Marangoni (2019), é relevante estar presente digitalmente, de corpo e alma. Do lado das empresas, temos a necessidade de estruturas e recursos compatíveis que tornem possível a implantação de um novo ecossistema empresarial, bem como adequado e equilibrado, e que a transforme em uma empresa mais competitiva e mais bem posicionada. O que se presenciou no distanciamento social foi uma verdadeira corrida para solucionar os problemas das empresas, nem sempre com as melhores decisões para os negócios.

Pensar nos problemas dos consumidores e não nos da empresa

Além de pensar de forma mais humanizada, temos a necessidade, se à frente de negócios, em ter uma preocupação mais forte com relação à carteira de clientes. O mercado procura soluções e não necessariamente somente produtos e serviços. Então, depende muito da sensibilidade da empresa em oferecer algo que procure atender, de forma mais contundente, necessidades e desejos dos clientes, como uma alimentação bem preparada e com qualidade, que traga satisfação e experiências únicas nos seus consumidores. Por outro lado, pessoas físicas não têm clientes, mas podemos considerar que temos outras pessoas ou mesmo instituições para quem podemos prestar solidariedade e benefícios, sem, contudo, esperar uma reciprocidade econômica e financeira. Desde março de 2020, tenho me empenhado em influenciar o redirecionamento do consumo para os pequenos varejos e negócios, pois possuem uma série de pontos fracos e deficiências que grandes negócios não têm, por exemplo, a constituição de reservas financeiras estratégicas e acesso aos canais de distribuição física e comunicação.

Agir de forma proativa em vez de reagir

Estamos nos referindo, especificamente, que a melhor estratégia é o ataque. Não necessariamente algo que envolva a força, mas se antecipar ao que pode ocorrer e agir de forma a superar situações que ainda não ocorreram, conforme atesta Kuazaqui et al. (2017). A reação é sempre uma ação que envolve um fato concreto, e o agir de forma proativa é evitar que desvios futuros possam ocorrer ou mesmo potencializar diferentes oportunidades, como a adoção profissional e técnica do *e-commerce* e do *delivery* pelas empresas no período de distanciamento social. A ideia é prospectar novas oportunidades de negócios e não simplesmente chorar sobre o vinho derramado.

Fortalecimento dos vínculos estratégicos de relacionamentos

O distanciamento social e os desafios decorrentes conduziram a uma redução dos relacionamentos, em que muitos se voltaram ao "Eu", influenciando as decisões e reflexões. Alguns aprenderam com essa situação e outros não, adotando em muitos casos uma posição equivocada e mesmo egoísta; já outros se fortaleceram e conseguiram solidificar o seu posicionamento, além de buscar e atrair outras oportunidades de relacionamentos em que o resultado não é a simples soma aritmética. Criou-se, inclusive, aplicativos de negócios de bairros ou mesmo grandes empresas facilitando o ingresso de pequenos fabricantes e outros comerciantes em seus *marketplaces*. Juntos somos mais fortes, principalmente se os objetivos forem positivos e contributivos.

Resiliência e eliminação da procrastinação

Dois termos diferentes, mas que se aproximam nas suas aplicações e relevâncias. A resiliência, essencialmente, trata da capacidade de adaptação frente a ambientes e situações disruptivas e nem sempre previsíveis, empresas e pessoas devem estar sempre preparadas e, principalmente, sem resistência ao novo e desconhecido. Em Marketing Estratégico, denominamos a resiliência como "variável neutra", ou seja, se trata daquela variável que pouca importância se dá ou nem é percebida e identificada, porém será determinante para o sucesso ou fracasso de qualquer negócio, como atesta Kuazaqui (2020). Por outro lado, temos a procrastinação, que trata de estabelecer prioridades nem sempre assertivas e que podem ocasionar desvios nos resultados, como "deixar para depois" atividades importantes. Então, a confluência dos dois termos se refere a fazer as coisas certas e necessárias de forma efetiva, equilibrada e conjunta. Por vezes, alguns desligamentos funcionais no tempo correto acarretaram menor prejuízo em detrimento àqueles que não perceberam o cenário de mudanças.

Você não é uma simples ilha

Muitos não produziram nada, tampouco incorporaram agregados neste período. Alguns se consideram uma ilha, isolados e sozinhos. Outros percebem que mesmo uma ilha tem um ecossistema próprio, que se comunica pela terra, mar e ar com outros ecossistemas. O seu ecossistema sustenta muitas formas de vida, que dela dependem. Um vulcão pode contaminar o ar e mar ao redor da ilha, expandindo seus impactos pelos fluxos marítimos, da mesma forma que uma ilha arborizada pode facilitar as trocas entre o oxigênio e o hidrogênio na atmosfera. Então, todas as formas de vida e situações são importantes e relevantes em algum ponto da jornada de pessoas. O que seria da agricultura sem as abelhas. Continuaria existindo, mas com menor qualidade. Então, mantendo um negócio mesmo em volumes menores, pode-se garantir a sustentabilidade do Sistema de Valor do Negócio, conforme afirma Kuazaqui (2020).

Você é o roteirista da sua vida

Conforme o autor deste capítulo em seu livro *Marketing Cinematográfico* (KUAZAQUI, 2015), um dos "produtos" mais importantes de uma obra cinematográfica é um roteiro bem escrito, com início, meio e fim, e com objetivos bem definidos. Existem obras cinematográficas, como *O poderoso chefão*, dirigido por Francis Ford Copolla, em 1972, que é uma verdadeira obra-prima em narrativa conhecida por todos, e outros que nem mais lembramos. Então, você precisa indicar em que posição pretende estar, como está hoje e quais recursos, esforços e estratégias utilizar para chegar aonde deseja da melhor forma possível. Alguns roteiros se baseiam em estruturas de argumentações racionais, outros apelam para o sentimentalismo. Por outro lado, nem um ou outro, mas o desenvolvimento de um roteiro mais personalizado e focado, em que você deverá ser o protagonista da história e não um mero coadjuvante. Nesse sentido, você deve assumir as rédeas de sua vida, de forma a manter o controle das situações e adotar os *insights* e ensinamentos propostos neste capítulo.

Concluindo, de forma geral, vejo poucas empresas e pessoas caminhando de acordo com as premissas desenvolvidas neste capítulo, muitos não aproveitaram a "oportunidade" (se posso mencionar dessa forma a situação durante a pandemia) e não entenderam as possibilidades de encontrar novas formas de ser, pensar e agir. Porém, não devemos simplesmente focar naquilo que não foi feito, mas sim no que pode ser realizado sob novas perspectivas. Esse é o início de qualquer processo de transformação. Escutei muito sobre um "mundo novo", porém percebo que não será para todos, pois provavelmente repetirão as velhas fórmulas. Que venham as mudanças e transformações – pessoais, humanas, sociais e profissionais!

Referências

COPPOLA, Francis Ford. *O poderoso chefão*. EUA: Paramount Pictures, 1972.

HASKIN, Byron. *A máquina do tempo* (filme). EUA: Paramount Pictures, 1953.

KUAZAQUI, Edmir. *Marketing Cinematográfico e de Games*. São Paulo: Cengage, 2015.

KUAZAQUI, Edmir, et al; CORREA Júnior, Carlos Barbosa; TERAMOTO, Cláudio; NAKAGAWA, Marcus HYONAI. *Marketing para ambientes disruptivos*. São Paulo: Literare, 2017.

KUAZAQUI, Edmir; HADDAD, Helder, MARANGONI, Matheus Matsuda. *Gestão de Marketing 4.0*. São Paulo: Atlas, 2019.

KUAZAQUI, Edmir (Org.). Correa Júnior, Carlos Barbosa; OLIVEIRA, Cláudio; SAITO, Cláudio Sunao; FIGUEIREDO, Cléber da Costa; RODRIGUES, Fabiano; CARVALHO, Fábio Câmara Araújo de; VOLPATO, Luis Antônio; NAKAGAWA, Marcus; FERNANDES, Orlando Assunção; PELAES FILHO, Oswaldo; SANTI, Pedro de; MANZINI, Reinaldo Belickas; CRUZ, Ricardo C.; CAMANHO, Roberto. *Administração por Competências*. São Paulo: Almedina, 2020.

ZEMECKIS, Robert. *De volta para o futuro*. EUA: Universal Studios, 1985.

7

NÃO SE DÊ POR VENCIDO

Recomeçar não é simples. Por muitas vezes pensamos em desistir. No entanto, "você não está sozinho, você não é o único". Ao fazer pela segunda vez, certamente fará melhor e mais rápido. Neste capítulo, compartilho diversas dicas e sacadas práticas para que você consiga aplicar ainda hoje, na sua empresa, carreira ou, quem sabe, em sua vida.

EDU BEZERRA

Edu Bezerra

Fundador da Exection Impulsionadora de Negócios, especialista em desenvolver a governança operacional nas organizações, focada em resultados e melhorias de processos, atuando nessa área desde 1999. É colunista e mentor Endeavor. Faz parte dos grupos de empreendedores Confraria do Empreendedor e Conexão de Pontos. É escritor de artigos e palestrante. Já exerceu cargos executivos, trabalhou em consultorias como Falconi e TOTVS. Planejou e executou projetos de impulsão de negócios em organizações de diferentes tamanhos e em diversos segmentos, com destaques para: *e-commerce*, manufatura, energia, bancos, saúde, logística, tecnologia, comunicação e mídia, entretenimento, luxo, educação, turismo e automotivo. Graduado em engenharia de produção, mecânica (FEI), CBA em Finanças (Insper), cursos de especializações em vendas Spin Selling®, Stadium Gorilla®, estatística Black Belt.

Contatos
www.exection.com.br
ebezerra@exection.com.br
LinkedIn: www.linkedin.com/in/edu-bezerra/
Instagram: @edubezerra_oficial

O que separa os ousados dos loucos? Resultados.
Jimmy Cygler, presidente e conselheiro da Proxis,
Proxismed e meu mentor.

Além de ser um excelente pensamento de impacto, que diferencia as pessoas de sucesso e as que tentaram alcançá-lo, adiciono a essa reflexão o fato de que, para ousar ou fazer uma loucura, você deve inovar, ou seja, fazer algo que nunca fez ou tenha pensado e, se pensou, não realizou – o que pode gerar o medo, que leva à ansiedade e resulta na estagnação.

Nota-se que, ao longo de uma jornada como consultor, executivo e, algumas vezes, psicólogo, ainda que não de formação acadêmica, os maiores empreendedores e executivos são, antes de mais nada, seres humanos feitos de carne e osso, embora muitas vezes os encaremos como seres de outro planeta.

Mas o que, afinal, os torna tão diferenciados? Se eles possuem as mesmas angústias, dúvidas e incertezas? O segredo está em revertê-las em ação. Eles transformam o medo de errar em algo fabuloso, por isso são diferenciados.

Quantas vezes você já pensou em mudar de vida, fazer diferente, mas relutou? Pensou uma, duas, milhares de vezes e não mudou, se acomodou, não transformou, quando, de repente, o seu colega ou conhecido, até mesmo um desconhecido, teve uma atitude e alcançou o resultado que você imaginava alcançar? Existem talentos desperdiçados em todas as áreas possíveis e imagináveis, agora, como fazer com que cada um, incluindo você mesmo, reconheça o que possui de melhor e potencialize isso em algo bom não somente para si, mas para todos ao seu redor?

Gosto de conversar tanto com pessoas mais velhas como com as mais novas do que eu, pois aprendo muito com elas. No primeiro caso, o que a pessoa aprendeu e o que gostaria de ter feito; no segundo, o que precisa aprender e gostaria de fazer. As pessoas mais novas possuem aquele olhar de vontade de conquistar o mundo, e as com mais idade... Por que não continuaram com o mesmo olhar de quando eram mais novas?

O medo pode nos estagnar, independentemente da idade, do momento de vida e da condição social. No entanto, quando temos um agente que movimenta e transforma – por exemplo, enxergar o medo como uma grande oportunidade –, isso se torna um objetivo. Mas esteja preparado: a velocidade com que as oportunidades aparecem é a mesma com que desaparecem.

Um novo começo

Certamente está se perguntando: "compreendi, Edu, mas, e aí, o que faço?"

Já ouviu falar em *startup*? Em pessoas e empresas que iniciaram do zero, tinham uma ideia, uma solução para uma dor e muita vontade de fazer e acontecer?

Reflita sobre você e seu momento. Listarei abaixo algumas perguntas que faço para os gestores e executivos quando estão começando ou recomeçando:

- Qual dor você gostaria de solucionar? É uma dor própria ou é uma dor sistêmica que todos possuem?
- O que você faz como ninguém? No que realmente é bom?
- Quais são os conhecimentos, habilidades ou atitudes que faltariam para solucionar essa dor?
- O que o impede de fazer algo para solucionar essa dor?
- Pense no seguinte: "Você realmente partirá do zero?". Se não partir, encare como um bônus, como um acelerador.
- O que já possui de vantagem perante algo que começaria do zero?

Vamos aterrissar e falar de algo concreto, algo palpável, perceptível. Você já possui experiência em algum ramo, assunto ou segmento e já refletiu sobre o que poderia utilizar a seu favor?

Imagine que voltou a ser criança, com diversos sonhos, possibilidades e vontades de realizações, resgate isso dentro de você, vamos lá! Liste o que pensou, o que sonhou?

Agora escreva, não de forma eletrônica, escreva em um papel, com calma, e responda a todas as perguntas anteriores.

E aí? Alguma ideia? Alguma sacada que está ao seu alcance? Algo que dependa somente de você?

Se sim, potencialize com os tópicos a seguir. Se não, certamente alguma dica o impactará.

Dicas e sacadas

Quando enxerga que algo pode dar errado, o que faz?

Nesse momento de incertezas, diversas pessoas estão com cautela, não sabemos exatamente para onde a economia caminhará. E sejamos sinceros, você de alguma forma teria o controle para ajustar o rumo da economia do país?

Você possui controle sobre a sua economia? Sobre os seus atos e consequências? A resposta é: sim, você possui!

Listo a seguir algumas ações que as pessoas estão fazendo para impulsionar, quer seja seus negócios ou vida.

Não somente repense, mas otimize os gastos, faça acontecer! Como?

"Gastos são iguais a unhas, devemos cortá-los constantemente". Ouço essa frase constantemente de outro mentor, o Wilson Poit, Empreendedor, Diretor Superintendente na Sebrae-SP. Para cortar gastos:

- Revisite todos os gastos que possui e analise, linha a linha, ponto a ponto, seja extremamente detalhista: preciso disso neste exato momento? É primordial que eu tenha que gastar?
- Analise de forma conjunta se há algum contrato que acabe travando a decisão, se existe alguma cláusula de fidelização.
- Caso esse gasto seja realmente relevante para o bom andamento, quer seja dos negócios, dos processos ou da sua vida, negocie com o fornecedor ou busque alternativas.

Os gastos estão sob o seu controle, certamente com mais facilidade de otimizá-los do que o aumento de vendas ou novas entradas de recursos.

Sacada: lembre-se que, se você não fizer, ninguém fará por você. Portanto, mexa-se!

Já praticou o desapego hoje?

Sabe aquele famoso quarto da bagunça, cantinho da bagunça, ou o nome mais carinhoso que queira dar para o que não utiliza mais? Pois bem, vamos visitá-lo?

Você acha que isso é apenas um lugar que você possui em casa? Está enganado! Existe em todos os lugares, inclusive nas empresas.

Já presenciei e provoquei por diversas vezes empresas e seus gestores a revisitar quer sejam equipamentos, peças, planilhas em Excel®, sempre se questionando: preciso disso ou daquilo para o meu dia a dia?

Se a resposta for: "não, Edu, não preciso!", então, doe, venda, se desfaça, desapegue. Tire da frente para dar foco no que realmente interessa e naquilo que realmente agregará valor.

Inúmeras vezes você e ou a empresa estão precisando de dinheiro, de caixa e possuem bens materiais que não utilizam, mas nunca pensaram em vendê-los. Então, o que está esperando?

Neste momento, você precisa estar leve.

Por quê? Imagine um avião que precisa decolar. Se estiver acima do limite de peso, o que acontecerá? Sairá do chão? Talvez sim, mas é provável que não.

Sacada: pratique o desapego e, ao tomar essa decisão, reflita sobre o valor que o mercado pagaria por aquele bem material. Muito cuidado nesse momento para não se sabotar colocando o valor lá em cima e, ao mesmo tempo, não queimar e depois se arrepender.

Revisite os seus canais de vendas e distribuição

Algo que recomendo fazer em paralelo à otimização dos gastos é revisitar o seu cadastro de clientes, rede de relacionamentos e formato com que distribui os seus serviços e produtos.

- Quantos clientes você atendeu nos últimos meses e nos últimos anos? Esses compraram novamente? Com qual frequência? Seria o momento de retornarem a comprar?
- Você perdeu alguma venda? Seria interessante compreender os motivos e melhorar a forma de vender?
- Como utiliza a sua rede de contatos? E a rede de relacionamentos? Que tal otimizar e investir nesse canal?

- Como distribui os seus serviços e produtos? Existe apenas uma forma do cliente recebê-lo? Quais seriam as outras formas? Já explorou a tecnologia? Como utilizá-la de forma simples para ao menos começar?

Sacada: conversei com o Wilson Poit, e a equipe do Sebrae disponibilizou diversos cursos e treinamentos grátis, portanto não existem barreiras para que possam melhorar.

Escrevi um artigo para que possam acessar o *site* oficial do Sebrae: www.linkedin.com/pulse/impulsionando-o-seu-conhecimento-edu-bezerra.

Desafiar-se a todo momento

Há uma lição que aprendi na arte marcial e que levo para o meu dia a dia: "hoje posso ser melhor do que fui ontem".

Quando percebo que posso fazer algo melhor, que seja mais rápido, com melhor qualidade ou de forma totalmente diferente, por que não?

O esporte nos ajuda muito a compreender o significado de "se desafiar constantemente". Note que, geralmente, os atletas de elite perseguem marcas cada vez mais ousadas, quer seja bater um recorde de tempo, de esforço, de resistência, entre outros. Você deve estar pensando: "mas, Edu, eu não sou um atleta de elite".

Não precisa ser um atleta de elite para possuir o modelo mental de melhorar continuamente, precisa?

Sacada: "se você melhorar 1% por dia, ao final de 100 dias, você terá melhorado 100%" – Fábio di Giacommo, Eng. de Gente, *High Performance Coach*, Palestrante, *Trainer* e Fundador da UM%.

Busque se fortalecer

Constantemente ensino ao meu filho de 7 anos que, para conquistarmos algo, temos que treinar e treinar e, quando acharmos que estamos bons, continuamos a treinar.

Por quê? Para estar pronto, para ter sucesso.

Sucesso? Isso mesmo! Quando as oportunidades surgem, você precisa estar preparado; caso contrário, não terá sucesso.

Compartilharei algumas práticas que utilizo no meu dia a dia, quem sabe alguma possa se adaptar à sua realidade:

- Quando estou me deslocando para qualquer lugar, ouço *podcasts* de assuntos que potencializam ou enriquecem o meu conhecimento.
- Sacada: se você possui um iPhone, já existe um aplicativo instalado; caso contrário, busque no seu Android por um aplicativo ou utilize o Spotify, você conseguirá acesso a um mundo infinito de canais interessantes.
- Geralmente, almoço com pessoas com as quais posso trocar ideias no sentido de compartilhar conhecimentos e pontos de vista.
- Assisto a séries e faço um paralelo com o meu dia a dia. Quem sabe posso ter alguma dica, uma forma de lidar com determinado problema, uma forma de falar com as pessoas. Enfim, busque algo que seja bom para você.

- Reservo um espaço na minha agenda para participar de congressos, palestras, *workshops* e, atualmente, muitos de forma *on-line*;
- Busco, constantemente, novidades sobre o meu foco de atuação, que é estruturar organizações.

Aprendo em todos os momentos da minha vida. Até mesmo relaxando, eu estou aprendendo; no dia a dia com a minha família e amigos, estou aprendendo.

Conhecimento é a única coisa que não podem tirar de você.

Tome fôlego

Mesmo que você não pratique natação, certamente já viu alguém tomando fôlego para continuar nadando e ir mais longe, estou certo?

Da mesma forma acontece no nosso dia a dia, compreenda como você conseguirá tomar o seu fôlego.

- Precisa de dinheiro, capital de giro para repor estoques, retomar serviços? Existem diversas formas, procure, principalmente, a de menor juros.

Sacada: analise com cuidado os juros da instituição financeira que escolher, compreenda se existem outras alternativas, como: buscar ajuda com a família e os amigos, compreender formas de negociar a postergação de determinados gastos, dentre outros mecanismos.

- Não apenas postergue um pagamento, compreenda como otimizá-lo, recorrer a um bom contador, advogado tributarista ou consultor financeiro, certamente conseguirá excelentes conselhos e, o mais importante, o seu fôlego.

Portanto, procure estar atualizado e antenado, conhecimento nunca é demais. Otimize os seus gastos, revisite as suas atitudes, o seu dia a dia, aumente a sua rede de relacionamentos, faça *networking*, estude e, quando estiver cansado, estude mais ainda, crie o seu tempo sozinho, com amigos, pessoas de que gosta, família, tenha o seu ócio criativo, vá para lugares que gostaria de ir. Enfim, inspire-se!

Deixo aqui uma frase que costuma me inspirar e espero que ajude a todos vocês: "Insanidade é continuar fazendo sempre a mesma coisa e esperar resultados diferentes" (Albert Einstein).

8

O MUNDO BRADOU *STOP*, EU RESPONDI *START*

Neste capítulo, você entrará em contato com as searas das crises. Decodificará os vetores externos e internos que as forjam. Andará pelos terrenos proibidos da sua mente e aprenderá a desvendá-los para conquistá-los. Descobrirá suas defesas psíquicas que apagam as luzes de sua consciência, retirando seus campos de força e autoproteção. Conquistará suas potencialidades perdidas ao longo de sua jornada de vida e nesta pandemia da COVID-19. Utilizará sua Inteligência Curativa para construir novas conexões consigo mesmo, permitindo sua reconstrução e criação de novos caminhos para seguir em frente. Uma linda jornada para você!

ELIANE DE ALMEIDA

Eliane de Almeida

Psicóloga graduada pelo UNICEUB-DF 1976-1977 especializações. Autora do livro *Inteligência Curativa*. Criadora da Fórmula Psíquica e Conceito da Inteligência Curativa. Especialista nas áreas Clínica e Hospitalar. Chefe da Psicologia da Unidade Integrada de Saúde Mental do Hospital das Forças Armadas (UISM-HFA) por 19 anos. Empreendeu uma jornada pioneira, descobrindo os melhores caminhos de inserção da psicologia no ambiente hospitalar. No centro de Estudos da Mente (CEM), realiza trabalhos clínicos especializados, como a Imersão Jornada de Autoconhecimento, Fórmula Psíquica nos níveis I, II e III, palestras temáticas e atendimentos individuais e em grupo – ambos nas modalidades presencial e a distância.

Contatos
Instagram: @psicologaelianedealmeida
elianealmeidaoficial@gmail.com
61 98258-1814

Quem chora desesperada e silenciosamente dentro de você é sua criança ferida, que está atrás da porta da sua consciência, esperando para ser libertada.
Eliane de Almeida

Convido você, querido leitor, para um diálogo interior. Eu coloco as questões e você escuta sua voz interior introspectiva e elaborativa. Assim, conversaremos juntos e ficaremos mais próximos, nos fazendo uma boa companhia. Caminhar acompanhados, torna a tarefa mais agradável. Vamos juntos?

Em sua jornada de vida, muitos dos caminhos vão apresentar-se de forma abrupta, intempestiva e inesperada. Essas formas imprevisíveis de materialização dos buracos existenciais e reais forjam uma ligação direta nas dualidades opostas da natureza humana. Aí está a origem de conflitos e frustrações. Campo minado da sua existência, pois sua tendência é fixar-se nas polaridades positivas — como força, potência, saúde, liberdade, segurança, bondade, luz da alma — e fechar os olhos para as polaridades ditas negativas — fragilidade, impotência, doenças, desamparo, limitações, o mal e as sombras instintivas. Essas formas imprevisíveis surgem em forma de catástrofes, *tsunamis*, erupções vulcânicas, convulsões sociais, desastres naturais, pestes e, também, as pandemias. Estamos em plena vivência dos reflexos catastróficos do vírus-nefasto, denominado coronavírus, causador da COVID-19. São todos vetores externos, que fustigam os internos, sempre presentes. Os reflexos nos vetores internos fabricam sintomas bem conhecidos. Depressão, ansiedade, pânico, explosões emocionais e comportamentais, doenças psicossomáticas e mentais. Na pandemia, a depressão saltou de 4,2% para 8,0%, enquanto os quadros de ansiedade foram de 8,7% para 14,9%, e a violência doméstica triplicou. No Brasil, são 11 milhões de casos de depressão.

Em uma pandemia, a humanidade como um todo foi forçada a quebrar seus medos e resistências com relação às polaridades negativas. Todos tivemos de olhar para onde evitávamos a qualquer custo e confrontar nossa fragilidade existencial. Nela, compreende-se nosso ciclo evolutivo: nascer, crescer e morrer. A ideia negada da finitude, do desamparo e da solitude. Enfrentar nossas chagas abertas e expostas pela mídia sem pudor. Fomos inundados por falas e imagens de horror de formas sem precedentes. Assistimos aos grandes líderes digladiarem-se, buscando ocupar seus pódios de ganância e poder. As grandes multinacionais ganhando lucros indizíveis às custas de nossas desgraças. Então, como você poderia estar à margem desse processo evolutivo de enfrentamentos? Você não teve saída. Entraram em nossas casas, impediram nossos empregos, minaram nossa sobrevivência, cercearam nossa liberdade de ir e vir, ditaram novas regras e leis se autodenominando salvadores da pátria. Nossa liberdade e direitos básicos foram manipulados, em prol desse jogo sujo e desumano.

Diante de tudo isso, você pode ter se perguntado: qual fator externo foi mais letal? O vírus ou essa doença social exposta? Pensando estatisticamente, o vírus atingiu cerca de 10% da humanidade de forma cruel e avassaladora. Os outros 90% ficaram à mercê do jogo desumano. Veja quanta impotência tivemos que digerir ao longo desses meses. Você apresentar sintomas de descontrole emocional e comportamental, depressão, ansiedade, pânico, confusão mental ou doenças psicossomáticas é uma reação natural a esses ataques sem precedentes em nossa história recente. Somos seres expostos ao determinismo do meio, reagimos a ele a cada instante. Em um meio doente, as reações são doentias. Diante desse jogo desumano, você sentiu uma raiva intensa e seu instinto de sobrevivência, em um processo catártico, explodiu em ataques violentos, fora de seu controle, minando suas energias. Você sentiu medo exacerbado, e seu instinto de sobrevivência reagiu com pânico e ansiedade paralisando suas forças. Você sentiu dor emocional pela tristeza aguda, e a depressão surgiu de forma profunda debilitando sua mente. Seu corpo não suportou todas essas pressões emocionais e adoeceu de várias formas, inclusive, diminuindo suas resistências imunológicas, colocando você mais vulnerável ao vírus. Nossas chagas expostas impiedosamente. Mais ataques dos vetores externos, mais sintomas e mais doenças, e o ciclo continua infindável. Entram aí todas as polaridades ditas negativas de nossa existência, pululando aos nossos olhos, pedindo desesperadamente por socorro.

Dirigindo nosso olhar para os vetores internos, diante dessa catástrofe doentia externa, nos deparamos com nossas parcas defesas egoicas. O mecanismo de defesa de autoproteção e sobrevivência que nossa mente produz, para tentar — e, veja bem, apenas tentar — nos salvaguardar dos efeitos nefastos desses ataques tão deterministas do meio doentio chama-se negação. Nele, a mente passa a filtrar o que não suporta desses ataques do meio. Sua mente faz isso, pois acredita que você não pode suportar e lidar com a gravidade desses ataques. Assim, suas percepções deles passam de relance pelo seu consciente, restando apenas vagas ideias confusas. Você passa a reclamar de memória, confusão e dificuldades em resolver seus problemas. Existem níveis diferentes de negações, em maior ou menor grau. Nesses momentos de provação reativa e adaptativa da pandemia, esse mecanismo tende a se exacerbar, fragilizando suas respostas ao meio predador. Como fomos expostos a milhares de estímulos repetitivos, negativos e condicionantes, a tendência é nos fragilizarmos mais ainda, nos transformando em pessoas mais vulneráveis às manipulações nefastas. Isso é tudo que esperam que façamos, para sermos mais facilmente manipulados. Vamos ter dificuldades em ouvir os desesperados pedidos de socorros de nossas polaridades ditas negativas.

Nessa atmosfera sombria, querido leitor, creio que precisamos conversar de forma mais focada, para compreender esse terreno pantanoso chamado de crise. Comecemos pelas origens desta. Somos seres relacionais, dependemos do outro e do meio para nos formatar funcionalmente. Assim, tudo o que acontece fora de nós mesmos impacta de forma decisiva em como vamos perceber e reagir a esses acontecimentos. Esse impacto positivo ou negativo atua em nossa subjetividade produzindo elaborações e decisões acerca de como vamos reagir. Nossa subjetividade está repleta de estímulos que tivemos de digerir ao longo de nossas vidas. Essa dinâmica faz parte de um processo adaptativo ao meio. Acontece que, usualmente, esse meio nos direciona para atendermos suas expectativas, o que quase sempre está numa direção oposta a quem verdadeiramente somos. Cotidianamente, adaptarmos ao meio significa nos distanciarmos de nós mesmos. Aqui reside uma fábrica diuturna de conflitos. Pensemos nessa fábrica agora, nessa crise da pandemia. Esses conflitos estão multiplicados por mil, em intensidade e diversidade. Então, se o determinismo do meio naturalmente nos vence pela quantidade e gravidade de estímulos contrários à nossa natureza essencial, em tempos de crise, essas dinâmicas nos engolem por inteiro.

Sentir na pele, frio na boca do estômago, nó na garganta, falta de ar, dor no peito, angústia inominável, acordar às três da manhã com a mente inundada de questões não resolvidas, golpes paralisantes, entorpecimento dos cinco sentidos ou tudo ao mesmo tempo. Veja só, isso produz uma quantidade de energias em desarmonia, provocando um caos. Sensação de estar no olho do furacão. Nada em que se segurar ou contar, sensação de desamparo total. Você literalmente foi engolido por esses vórtices sugadores de sua energia vital. Você está visualizando os destroços do que sobrou do naufrágio, da implosão de suas estruturas conhecidas, das referências que lhe foram usurpadas pelo que forjou a crise. Essa dinâmica caótica em seu interior vai ser expressa por você em forma de sintomas, como pânico, ansiedade, estresse, depressão e doenças psicossomáticas. Uma forma adaptativa ao meio predador imposta a você goela abaixo. Nos tornamos presas fáceis e manipuláveis. E pagamos esse preço usurpador — vale a pena lembrar o significado dessa palavra: aquele que se apodera por violência ou meios injustos daquilo que não lhe pertence ou tem direito. Então, veja bem, os tesouros que lhe pertencem, que estão em jogo. Não só o seu tempo, sua sobrevivência, sua qualidade de vida, sua saúde e, agora na pandemia, também sua vida estão à venda? E você vai entregar? Você deseja se entregar a esse jogo sujo e desumano? Essa é sua principal questão aqui, querido leitor. Você precisa se ver à frente dos reais problemas que querem engoli-lo. Nesse momento, lembrei-me da história do combate entre Davi e Golias. Golias, um gigante pesadamente armado e desafiador, invencível. Davi, um pequeno menino pastor, que injuriado com os insultos repetitivos de Golias, resolveu enfrentá-lo. Tão pequeno que não entrava nas armaduras de guerra e não tinha forças para segurar as armas. Não desistiu, foi para a beira do rio catou pedras, colocou em seu estilingue e apontou certeiramente para a cabeça de Golias, acertando-o em cheio e vencendo a luta. A mensagem aqui é: não importa o tamanho de seus oponentes, podem ser líderes nefastos de países, de multinacionais, chefes ditadores, um monstro ou um gigante, você, como o pequeno Davi, sempre vai encontrar dentro de si seus recursos naturais de forças e enfrentamentos para vencer.

Na cultura japonesa, existe uma técnica artesanal centenária o *kintsugi* – emenda de ouro, que consiste na reparação de peças quebradas de porcelana. Os pedaços da porcelana são reconstruídos e novamente ligados por fios de ouro. O resultado da reconstrução é belíssimo. O vaso que agora passa a existir exibe suas quebras e fissuras sem perder sua identidade, porém agora acrescido desse amálgama ouro, metal nobre. Isso tornou-se uma filosofia de vida, uma arte na aceitação das imperfeições e cura das cicatrizes. Você que está olhando para sua própria implosão e destroços, como o pequeno Davi buscando recursos próprios, pode achar seu ouro para juntar seus pedaços e reconstituir a si mesmo de uma forma belíssima. Esse ouro é sua capacidade de construir consciência sobre o que o atingiu de forma tão avassaladora. Neste momento, você está em plena construção de consciência, como o fio de ouro perfeito. Sim, você está alimentando sua mente com dados importantes sobre seus problemas atuais para que ela potencialize sua Inteligência Curativa e cultive seu ouro interior, sua consciência, extraindo forças para o enfrentamento do seu bom combate.

Inicialmente, seu ouro interior precisa convidá-lo para abraçar suas chagas, para proteger suas fragilidades, para catar seus cacos, para aceitar seu *tsunami* interior, com a compreensão compassiva de como foi seu naufrágio. Você não teria como não sucumbir, seus Golias predadores foram implacáveis. Porém, você será amoroso com você, lambendo suas chagas e, com seus próprios recursos, curando cada uma de suas feridas. Numa crise há um tempo para tudo, tempo para a destruição, tempo para a implosão, tempo para a cura e tempo para a reconstrução para seguir em frente. No seu tempo de cura, existe seu ouro interior, que agora não mais usa o mecanismo de negação que tanto o fragilizou. Agora você está de olhos abertos vendo tudo o que ocorreu ao seu redor, compreendendo suas reações e aceitando sua participação nesse jogo até aqui. Isso constitui-se no seu primeiro patamar de piso sólido em sua crise com águas tempestuosas. Você já pode se sustentar de pé, olhar ao seu redor e começar suas novas estratégias de enfrentamentos, sem omitir nada de você mesmo, por mais que lhe doa. Não desviar seu olhar, abrir bem seus olhos, não negar mais nenhuma percepção. Acreditar no que você vê e pensa. Confiar em suas intuições e antevisões. Mostrar sua bússola e para onde ela aponta. Colocar você dentro de todas as prioridades. Tirar tudo e todos que o atrapalhem de seu novo território. Vamos pensar juntos, dentro dessa sua nova fase.

O tempo do *STOP* que o mundo bradou está no fim. Agora seu tempo é o do *START*, o tempo de virar a chave, o tempo de mudar seu *MindSet*, o tempo de seguir em frente, contando com você e suas potencialidades, como sua Inteligência Curativa. Ela nada mais é do que sua capacidade mais nobre de construir consciência, seu ouro libertador interior. Sua matéria de ouro mental, que tem a função de forjar ligações de tudo aquilo que você já pode ver e enfrentar, olhando de frente, não desviando o olhar, não apagando a luz de sua consciência. Seu horizonte está claro, iluminado por sua bússola interior. Só você sabe suas pegadas. Só você possui todo esse tesouro e não permitirá mais ser usurpado.

Preservar suas digitais, seu DNA nesses novos caminhos é o seu marco zero desse bom combate. Você como grande buscador(a) e grande guerreiro(a) bradará seu grito de guerra. Sim, eu posso! Sim, eu acredito! Pois sem você nos seus novos caminhos, novos projetos e novas metas nada acontecerá. Em primeiro lugar, você, sua recuperação e sua cura.

Vamos agora para um pequeno grande método. Siga seus indicadores, alimentando sua Inteligência Curativa, potencializando seu poder pessoal. É o método dos três Rs: Reconexão, Ressignificação e Redecisão. Fixe-se bem nessas palavras que começam com R, decifrando intimamente seus significados. Esses significados, incorporados por você, produzirão uma grande alquimia transmutadora em sua mente.

Vamos lá, capriche no seu aprendizado de conexão consigo para alcançar sua libertação e felicidade.

Reconexão

Nosso diálogo até aqui pressupõe sempre recuperar o fio quebrado de ligação com você mesmo. Assim como no *kintsugi,* sua reformatação revelará sua resiliência em alto grau e sua nova imagem, com suas cicatrizes curadas e expostas como resultado de sua grande alquimia e arte existencial. Sua maior obra criativa, você mesmo em sua totalidade, interligado em todas suas polaridades de forma harmônica. Nesse grande encontro consigo, um novo horizonte aproxima-se, numa fonte de energia vital inesgotável. Agora você pode conversar interiormente, modulando suas energias e restabelecendo sua cura interior.

Ressignificação

Falamos aqui da construção de novos significados, com dados de sua realidade, enfrentados por você. Referências pessoais atualizadas no seu presente, no seu aqui e agora. Conversas realistas e sem fugas. Verdades confrontadas sem medo. Ressignificar é também construir saídas eficientes para a solução de seus problemas. É criar consciência, no escuro de seu inconsciente, oferecendo luz cristalina em seus diferentes e múltiplos caminhos. Caminhar de olhos abertos em sua nova etapa de vida, aprendendo a decodificar o novo. Sentir a liberdade de quem vê a si mesmo confiante, em seu novo jeito de caminhar. Seu novo jeito de caminhar, seu escudo e sua bússola.

Redecisão

Redecisão, decidir outra vez, mudar o foco para novas escolhas. É a forma mais eficiente de mudança e cura interior. É um novo processo de liberdade de escolha, entre seus escombros e as construções positivas. Novas decisões acerca do que permanecerá e o que será retirado nesse seu novo jeito de caminhar. Sua presença em sua vida é imprescindível, pois seu poder pessoal e assumir suas novas direções é que fará de sua virada um acontecimento vitorioso. Suas digitais e DNA com o poder da responsabilização de seus atos diferenciados. Assim, sua nova História de Vida contará capítulos inimagináveis até agora.

Querido leitor, felicito sua força guerreira que o trouxe até aqui. Acredito que sua cura interior fará de você uma pessoa mais experiente, com sua bagagem de vida e todos os aprendizados que ela trouxe. Nessa alquimia de aceitação das imperfeições, da inclusão da totalidade que rege sua natureza humana, da consciência que é seu ouro mental, da força criativa e intuitiva que resgatou seu ser das profundezas, só pode emergir daí um gigante visionário e capaz. Confie na sua natureza, modulada por forças internas tão sábias. Esse é seu celeiro pródigo, usufrua tudo que necessitar.

Antes de abraçar seus projetos e metas, se abrace. Perdoe a si mesmo pelos seus erros e dificuldades. Exercite sua plena liberdade de ser você mesmo. Seu poder pessoal o levará aonde quiser ir. Então, aceitar suas imperfeições, o autoperdão por errar, aprender com todas suas experiências e contar consigo mesmo sempre serão indicadores da tão almejada felicidade. Alce seu voo. O céu é o limite.

Referências

ALMEIDA, Eliane. *Inteligência Curativa. Os seis passos para resgatar o amor próprio, encontrar a felicidade e construir a vida que você deseja.* São Paulo, Editora Gente, 2020.

ALMEIDA, Eliane; GAYOSO, Thereza. Thematical Group Therapy – A differentiated methodology. In: *Congresso internacional de psicoterapia de grupo*, 16., 2006, São Paulo. Resumos, São Paulo: IAGP, 2006. p. 108.

ALMEIDA, Eliane de. O stress e você. *Revista Plano Brasília*, Distrito Federal, ano 9, ed. 102, p. 56-57, out. 2011.

ALMEIDA. Eliane de. Felicidade x Síndrome do pânico. *Revista Plano Brasília*, Distrito Federal, ano 9, ed. 105, p. 54-55, dez. 2011.

MILLER, Alice. *O drama da criança bem dotada.* 2. ed. São Paulo: Summus, 1987.

DE SOUZA ANDRADE FILHO, Antônio; DUNNINGHAM, William Azevedo. A pandemia da depressão. *Revista Brasileira de Neurologia e Psiquiatria*, v. 23, n. 3, p. 94-95, dez. 2019. Disponível em: <http://revneuropsiq.com.br/rbnp/article/viewFile/579/198>. Acesso em: 2 set. de 2020.

9

O SEGREDO DA FELICIDADE

A cada dia me convenço mais de que o desperdício da vida consiste na infelicidade que criamos, no amor que não damos, nas forças que não usamos e no sofrimento que evitamos. Assim como toda felicidade é passageira, nenhum sofrimento será eterno. A vida é escrita por capítulos, um capítulo ruim não significa que o final da história também será. Se pudéssemos ter consciência do quanto a vida passa rápido, viveríamos cada dia como se fosse o último porque um dia ele será.

FLÁVIO TORRECILLAS

Flávio Torrecillas

Condecorado com o Certificado de Excelência Profissional 5 estrelas, pelo Doctoralia, no período de 2013 a 2020. Premiado como Psicólogo Referência, em Minas Gerais, em Psicologia Clínica, 2015 - a maior honraria conferida pela jornalista Lourdinha Silva na "Noite Dourada da Sociedade Mineira". Homenageado com o título: Gente de Expressão de Minas Gerais, pelo sucesso profissional em 2015. Eleito psicólogo destaque especial de Minas Gerais por excelência clínica em 2014. Condecorado com o Título "Gente de expressão de Minas Gerais" por excelência profissional no atendimento clínico em 2014. Eleito psicólogo destaque de Minas Gerais em 2013. Premiado e homenageado com o honroso título: "Gente de expressão de Minas Gerais 2013", pela excelência dos trabalhos prestados à sociedade. Coautor do livro *Vida em equilíbrio*, publicado pela editora Literare Books, em 2018.

Contatos
flaviotorrecillas.com.br
Instagram: @flaviotorrecillas
31 98351-9577

O sentido da vida é encontrar um caminho que dê sentido à própria história. Encontrei o significado da minha vida ajudando as pessoas a encontrarem o sentido das suas.
Psicólogo Flávio Torrecillas

O mundo está vivendo um estresse muito grande, às vezes são apenas os nossos problemas pessoais que nos afetam; em outras, as impressões que absorvemos do mundo circundante. Não podemos fazer nada por nós se não for por meio de nós. Estamos sempre falando na mudança que esperamos enquanto damos pouca atenção à mudança que deveríamos ser para que isso acontecesse, deveríamos ser mais revolucionários começando por nós mesmos. Portanto, o mundo como o vivenciamos é uma reflexão das pessoas que nós somos, seja na nossa vida particular ou no espelho que o cotidiano reflete.

Somente quando dermos um salto quântico dentro de nós é que iremos ser essa mudança que queremos e esperamos ver. Saber nunca será o bastante se nós não soubermos aplicar. A nossa futura geração precisa que sejamos o melhor que pudermos ser neste planeta. Então, você percebe que há algo maior do que sua breve vida, que, de tão breve, não foi feita para especulação. Vida é atividade! Mas até que ponto você é passivo, recebe informações que não são suas e crê estar projetando opiniões? Você realmente quer a transformação? Está pronto para este salto?

Primeira regra: devemos aprender a ouvir. Para aprender a ouvir, você não precisa nem deve acreditar em mim, o que posso estar contando pode ser apenas uma história, mas se souber ouvir vai entender melhor o que estou tentando comunicar. Então, para ouvir não precisa acreditar em quem estiver falando, precisa dar atenção para você que estará ouvindo. Seja crítico!

O ouvir mostra quem você é perante tudo aquilo que muda constantemente. Mas a verdade é móvel e o mundo, uma encruzilhada. Aprender com os erros é uma das melhores formas de evoluir. Nós não devemos ter medo de aprender com os nossos erros, nós deveríamos ter medo de não aprender com eles. Se não estivermos atentos ao mundo enquanto ele acontece, poderemos facilmente perder a oportunidade de transformar o nosso erro em lição. Olhe para a encruzilhada ou ela o tomará, e você não estará mais inteiro para seguir um caminho que nem por isso deixará de lançá-lo em perdição.

Segunda regra: Não acredite em tudo que você diz e não acredite em tudo que dizem a você. A nossa cabeça não para de falar. É como um cavalo selvagem que leva você para qualquer lugar e, se não aprender a domá-lo, ele o levará para onde ele quiser. Então, não acredite em si mesmo, mas aprenda a ouvir. Aprendendo a ouvir você mostrará que está disposto a aprender.

Terceira regra: não acredite em mais ninguém. Justamente pelo mesmo motivo. O que as pessoas dizem só é verdade para elas. É a forma como expressam a experiência que tiveram na vida. Ninguém quer ter sua verdade contestada, as pessoas não aceitam que as suas ilusões sejam destruídas. Reconhecer o limite da ignorância é respeitar a própria sabedoria.

Se não acreditar em si mesmo, se não acreditar nas outras pessoas e se não acreditar em mim, essas mentiras não sobreviverão. Mas a verdade sobreviverá. Acredite ou não, o sol vai nascer todo dia, você não precisa acreditar na verdade para que a verdade exista. Mas para a mentira existir, é preciso acreditar na mentira.

Não é simplesmente dizer que não vai acreditar, é preciso não acreditar mesmo! Não é uma postura social em que você escolhe no que acreditar, neste momento já estaria sendo falso. Precisa ser lá de dentro. Saber ouvir é interromper o alimento das mentiras que o mundo nos traz.

A felicidade é uma decisão que cada um precisa tomar. A felicidade que vem da perspectiva "sou mais responsável pela minha felicidade do que eu imaginava" não tem a ver com o que acontece no mundo, e sim com a minha atitude perante o que está acontecendo. Uma porção indeterminável de pensamentos que povoam nossa mente não são nossos, mas nos tornamos o que absorvemos do mundo.

Quarta e última regra: é preciso ter coragem. Mesmo que pareça impossível, você precisa fazer com que seu medo tenha medo da sua coragem. Se ainda assim não conseguir retirar esse medo, vá com medo mesmo. Não tem problema ter medo, ele só não pode ser maior do que a sua coragem. Mais uma vez: olhe para a encruzilhada. O medo de olhar para encruzilhada acaba reforçando esses nós que existem no caminho e precisamos de coragem para seguir em frente.

Estamos aprendendo que todos somos capazes de não sermos meras vítimas das circunstâncias. A raiva é uma emoção que disfarça o medo. Muitas vezes sentimos raiva porque temos medo de sentir medo e desenvolvemos um comportamento compulsivo, mas se estiver disposto a parar e reconhecer que está com medo, poderá também reconhecer que bem lá no fundo você é maior do que o medo.

A vida é muito curta, e a gente a encurta ainda mais querendo acelerar o processo de viver as coisas mais rápido achando que vamos ter o controle do futuro. Nosso medo gera essa angústia, a angústia gera essa pressa de querer tudo mais rápido, quanto mais rápido a gente quer viver, mais rápida a vida passa e a gente não percebe que ela está passando por estarmos ocupados demais para vê-la passar.

Toda a nossa experiência acontecerá nesse exato intervalo, tudo que vive um dia morre, e por saber exatamente dessa morte que a gente sente tanto medo. Se a vida é eterna ou não, o fato é que aqui na Terra ela tem um começo, um meio e um fim, e o que faz toda a diferença é o modo como vamos enxergar isso.

Deixamos de viver pelo medo da morte, ou por termos medo da morte começaremos a viver?

O tempo é o que temos de mais valioso neste mundo, e é exatamente nesse tempo que temos que focar. Já objetivou a encruzilhada? Olhe agora para seus passos.

O desconhecido causa medo, e o medo pode trazer arrependimento. Por isso é tão necessário se arriscar para enfrentá-lo. O medo não é ausência de coragem, ele é o termômetro para o seu bom senso. Até pode parecer algo simples, mas não é. Já se perguntou se viver é algo realmente tão simples? Se podemos facilmente levar uma vida inteira sem ter aprendido a viver? O medo de sofrer não pode ser maior do que a sua coragem de arriscar. Ter coragem é ter resistência ao medo e, quem sabe, apreciá-lo como um desafio. Uma pessoa sem medo também é uma pessoa sem coragem. Olhe para o caminho que se estende da encruzilhada.

Se queremos ser felizes, temos de dar mais sentido ao sofrimento que esse medo traz. Temos de entender que existe alguma coisa no sofrimento que dá mais sentido à vida, que nos ajude e nos permita ser e nos tornar uma versão melhor de nós mesmos, esse é um dos grandes mistérios que temos que nos aprofundar cada vez mais.

Podemos crescer com a dor ou com o sofrimento, ou você se cansa de cansar das coisas ou tem um discernimento que leva a outros paradigmas.

A felicidade não precisa ser algo que encontramos no final de algum caminho, a felicidade pode estar em cada curva que a gente percorre para chegar até lá. Precisa ser uma escolha feita a cada momento, a distância entre um sonho e uma conquista se chama atitude.

Se você estiver disposto a realizar apenas o que é fácil, a vida vai ser mais difícil para você. Sinto dizer, mas tudo fica muito mais difícil para quem quer ter uma vida fácil. Tememos a dor e fugimos, mas quando ela nos alcança, nos aprisionamos e tememos a felicidade: assim também nos escapa a verdade e a liberdade para enxergá-la.

Frequentemente recebo em meu consultório pessoas frustradas por não terem dinheiro, acreditando que o dinheiro poderia comprar toda a felicidade que essa vida vazia não foi capaz de trazer. Eu sempre respondo: "Se quer dinheiro, você procurou a pessoa errada, mas se quiser se libertar do apego ao dinheiro, aí sim eu posso tentar te ajudar". Eu pergunto a vocês: o dinheiro traz a felicidade? Claro!

Um carro traz felicidade? Claro! Mas por quanto tempo? Talvez por uns 2 meses.

Para ser feliz o dia inteiro vá às compras, a sensação é ótima, mas só dura até chegar a fatura dos cartões de crédito. Se quer ser feliz por um fim de semana, faça um churrasco ou encontre alguns amigos. Se quer ser feliz o mês inteiro, tire férias e viaje para o nordeste, que você vai se divertir muito. Se quer ser feliz o ano inteiro, herde uma fortuna.

Mas se quer ser feliz por toda a vida, você precisa encontrar um meio de mudar a vida de outras pessoas, de fazer alguma contribuição. Muitas pessoas se preocupam tanto em chegar ao sucesso que se esquecem da essência, e essa é a maior jornada, a jornada para a essência e não para o sucesso.

A felicidade tem de vir de dentro. Quando isso acontece, o mais importante é saber reconhecer e perceber qual é o verdadeiro problema e o que está faltando. Quando fazemos uma interação genuína com nosso interior, sempre é o "eu", o "meu" e o "nosso".

Estamos sempre fazendo uma distinção entre nós mesmos e os outros. Por que todos estamos nessa corrida para o topo? Temos de chegar a um destino, porque essa fatalmente vai acabar sendo a origem da nossa felicidade relativa, essa é a nossa disputa e será a nossa compreensão.

Quando o amanhã ameaça a não ser o que eu espero para hoje, alimentamos o medo daquilo que ainda não aconteceu. Viver mais no futuro do que no presente faz parte dos nossos instintos básicos, e essa é uma tentativa do nosso cérebro: prever eventos que colocam a nossa vida em risco.

Não ficamos presentes no tempo presente, vivemos preocupados em como serão os próximos momentos. É como não ficar inteiro naquilo que estamos fazendo: um descompasso entre o real e o imaginário, entre a essência e a aparência. Faz parte deste mundo, que nos exige mais do que podemos dar.

Às vezes você vai querer saber o que foi e outras vai querer saber o que será. Para saber o futuro que você terá, basta olhar para o que estiver fazendo agora. Precisamos reorientar e reestruturar nosso próprio padrão de pensamento, e isso é muito difícil, mas a nossa felicidade está exatamente aí.

O futuro que queremos é um paraíso mais sedutor do que a encruzilhada caótica do presente, mas você é a encruzilhada e, talvez, esse futuro é uma projeção das impressões impessoais que absorve do mundo e não a verdadeira essência que deveria tomar coragem para abrir o caminho.

As pessoas pensam que existem muitos momentos a cada dia e a cada hora e que toda vez que algo acontece é um momento novo que surge, mas se analisar mais a fundo, perceberá que não é um novo momento, é sempre o agora.

A forma que surge no agora é que muda constantemente. É sempre o agora e, por fim, o agora é quem você é, o espaço do agora é exatamente esse espaço do "eu". Tudo acontece nele e com ele tudo vai mudando constantemente.

Quando a consciência do agora muda, você tem a capacidade de afetar as situações de um modo que não faz a mínima ideia. A percepção gera essa transformação e você acaba fabricando a consciência dessa mudança.

O agora originário da consciência mutável, aquela que percebe haver uma estrutura inerte e repetitiva no mundo, é um agora que se expande além e arrasta o futuro verdadeiro.

A estrutura do mundo não é tão mutável se você percebe o movimento repetitivo que atinge a encruzilhada da sua mente com o caos vestido de novidades. Quando você percebe as repetições de estímulos que recebe e faz da sua mente um redemoinho sem rumo, está pronto para perceber o verdadeiro novo ou futuro.

Quando aprende a estar no momento presente, constrói a oportunidade de conhecer mais sobre si. O amor-próprio e a autovalorização significam que você ama o que o universo reservou para você, não é ser maior ou menor que ninguém, é compreender que você é a expressão única do potencial infinito.

Já pensou em parar de fabricar um futuro ou de ser fabricado por ele e dar voz ao infinito potencial do agora? Engana-se quem acha que o autodesenvolvimento intelectual equaciona a felicidade, só quando o conhecimento se torna sabedoria é que a pessoa se torna feliz.

A sabedoria é o conhecimento que observa o movimento progressivo, não repetitivo e circular. A sabedoria é o segredo da felicidade porque representa aquelas experiências na vida que você transmutou em vivências originais, e elas se tornam atributos da sua própria natureza.

Então, o que é a felicidade?

Felicidade não é a busca incessante por coisas prazerosas, essa é uma receita para a exaustão e não para o prazer. Felicidade é uma forma de ser, um estado mental saudável que dá a você os recursos necessários para enfrentar as tempestades da vida. Qualquer coisa que aprende mudará o seu cérebro, da mesma forma que você pode aprender a tocar violão e a falar uma nova língua, também poderá treinar para ter mais compaixão e altruísmo.

Nós somos mais nossa bagagem do que o caminho incerto. Então, algo deve ser abandonado no caminho para encontrar a via verdadeira. Que bagagem pesa para você? Memórias? Seu ego? O medo de ser aquilo que você não é? Se tiver paciência, poderá treinar para ser uma pessoa melhor, podendo mudar a vida das pessoas que estão ao seu redor. É como regar as plantas de um apartamento, não adianta você ter pressa e jogar um balde de água para acelerar o processo, porque não vai adiantar.

Toda mudança é chata e demorada, mas antes de desistir, temos que pensar em todos os motivos que nos fizeram aguentar até aqui. Estar em paz consigo mesmo é saber que todos os erros fizeram grande diferença na hora dos seus acertos.

Momentos felizes acontecem todos os dias, a vida é uma coleção desses momentos, precisamos procurar a felicidade aprendendo a limitar os nossos desejos em vez de tentar satisfazê-los a todo custo. Isso seria arrastar os caminhos para a encruzilhada, querer ter tudo e, por isso mesmo, não ter nada.

10

UM NOVO AMANHECER: ESTRATÉGIAS PARA UMA VIDA COM BEM-ESTAR

Neste capítulo, abordaremos a temática sobre um novo amanhecer: reflexões e estratégias para uma vida com bem-estar. Discutiremos também a importância da ressignificação, do autoconhecimento, da eliminação de crenças limitantes, da construção de pontes para o futuro e do *give back to society*, focando em reflexões e estratégias para ajudá-lo a transformar sua vida e construir **um novo amanhecer**.

FRANCISCO DE ASSIS DAS NEVES MENDES

Francisco de Assis das Neves Mendes

Apaixonado pelo hábito de leitura, *lifelong learning* e liderança servidora. Tem como missão e propósito de vida "Inspirar pessoas a sonharem mais e aprenderem mais, ajudando a construir um mundo melhor". Coautor dos livros *Autoconhecimento e Empoderamento*, *Liderando Juntos* e *Otimizando Relações*. Formação internacional com doutorado em Ciências Empresariais e Sociais na UCES Argentina, mestrado em Estratégias Empresariais no ISG, em Portugal, e intercâmbio LAL *School* na Inglaterra. Administrador com especializações em Gestão de RH pela Universidade Cândido Mendes, Direito do Trabalho e Previdenciário pela PUC-MG, MBA em Gestão Empresarial pela USP-SP e MBA em Transformação Digital e Futuro dos Negócios na PUC-RS. Sólida experiência em Gestão de RH, Relações Trabalhistas e Liderança de Projetos de TI. Também atua como professor de pós-graduação, escritor, pesquisador em Transformação Digital e o Futuro dos Negócios e RH, *business* e executivo *coach*, mentor de negócios e carreira e empreendedorismo.

Contatos
fassisnm@yahoo.com.br
Facebook: FranciscoDeAssisMendes
Instagram: @franciscoanm

> *Saiba que são as suas decisões, e não as suas condições, que determinam seu destino.*
> Anthony Robbins

Introdução

A pandemia da *COVID-19* gerou grandes perdas para as famílias, deixando sequelas mentais e emocionais que continuarão afetando negativamente a vida das pessoas. Cabe a cada um de nós decidir se vamos ficar presos a esse passado ou vamos ressignificá-lo e construir **Um Novo Amanhecer**, repleto de paz, saúde, bem-estar e realizações. Convido vocês para viajar neste artigo e conhecer algumas estratégias para tornar sua vida mais plena e harmoniosa consigo mesmo e com os outros.

Ressignificando sua história

Para termos uma vida plena de contentamento e bem-estar, é necessário ressignificar histórias passadas que nos deixaram sequelas. De zero a dez, o quanto de sua história ainda gera sequelas mentais e emocionais negativas?

O primeiro passo para ressignificação é desenvolver um olhar positivo para todas as situações negativas que ocorreram em nossas vidas. Entender que, na vida, nada é por acaso e que, em todas as situações, às vezes a gente ganha e outras a gente aprende. Precisamos ressignificar aquelas histórias que geram "sequelas" mentais e emocionais negativas que nos atormentam. Nessa perspectiva, devemos transformar histórias "negativas" para uma perspectiva positiva e de aprendizado. Devemos voltar ao tempo passado e mentalizar aquela história negativa e reescrevê-la com um olhar positivo de aprendizado, entendendo que tudo aquilo que aconteceu serviu para evoluirmos como pessoa e ganharmos mais maturidade.

Ao ressignificar sua história negativa para uma perspectiva positiva e de aprendizado, caminhará para uma jornada de crescimento pessoal e profissional com mais leveza e paz consigo mesmo, despertando o gigante que existe dentro de você. Mentes bloqueadas por histórias negativas são impedidas de desenvolver novas oportunidades e de colocar em prática todo o potencial adormecido dentro si.

Sua primeira tarefa na jornada de **Um Novo Amanhecer** será reescrever pelo menos uma história do passado que ainda gera emoções negativas. Defina uma data e horário em que vai realizar essa tarefa. No dia da tarefa, pegue um pedaço de papel e reescreva essa história com olhar positivo, aprendizados e fortalecimento da maturidade. Após reescrever sua história, defina um título para ela com uma frase de transformação e aprendizado. Depois disso, leia a nova história em voz alta e agradeça por todo aprendizado que adquiriu naquele determinado momento da sua vida. Siga em frente, sempre enxergando as intercorrências da vida como oportunidades de aprendizados e amadurecimento.

Descobrindo seu verdadeiro eu

Viver uma vida sem propósito é o mesmo que construir um castelo sem saber para quê e para quem servirá. Antes de construirmos castelos, precisamos primeiramente fazer uma viagem de autoconhecimento. A viagem de autoconhecimento nos conectará com nossa verdadeira missão e propósito de vida e nos ajudará a encontrar a nossa melhor versão. De zero a dez, o quanto você se conhece?

O primeiro passo na busca do autoconhecimento é descobrir aquilo que nos faz feliz e aquilo que nos gera desconforto. Precisamos priorizar as coisas e as pessoas que nos proporcionam bem-estar. Por exemplo, ler um bom livro, assistir a um bom filme, almoço em família, ajudar pessoas mais necessitadas, buscar o aprendizado contínuo, entre outros. A busca pelo autoconhecimento provocará reflexões e *insights* que nos possibilitarão repensar atitudes e comportamentos, eliminando hábitos e ações que nos causam desconforto. Essa mudança de postura é fundamental para que possamos ter uma vida plena de contentamento e bem-estar.

O segundo passo é identificar nossos talentos e pontos de melhoria, ou seja, descobrir o que fazemos de melhor e aquilo que não é o nosso diferencial. Faça uma autoavaliação, escrevendo aquilo que considera que faz de melhor e aquilo que acredita que sejam pontos de melhoria para florescer. Após fazer essa autoavaliação, envie para pessoas próximas e peça um *feedback*. Compile todos os *feedbacks*, receba todos com gratidão e reescreva o resultado. Após compilar os resultados dos *feedbacks* e fazer uma autorreflexão, escreva um PDI (plano de desenvolvimento individual) com ações para fortalecer seus talentos e outras ações para reduzir os pontos de melhorias. Mensalmente, faça um *follow-up* do seu plano de ação para verificar se está realizando as ações planejadas. Caso algo não esteja saindo conforme planejado, reflita e planeje as contramedidas para que possa trilhar rumo à evolução contínua.

O terceiro passo na trilha de desenvolvimento do autoconhecimento é descobrir quais são seus valores pessoais, ou seja, quais são os seus princípios morais e éticos que servem de referência para suas atitudes e comportamentos no dia a dia. Uma dica legal é lembrar atitudes, talentos e características dos seus heróis favoritos e/ou pessoas que admira e escrever em um papel em forma de *brainstorming* (tempestade de ideias). Após a sessão de *brainstorming*, escolha cinco itens que mais têm a ver com você e, em seguida, reescreva esses itens em forma de adjetivos (palavras que qualificam um sujeito), por exemplo: transparente, justo, honesto, generoso e outros. Após finalizar essa etapa, pegue os cinco adjetivos e transforme-os em substantivos. Os substantivos definidos serão seus valores pessoais (princípios morais e éticos), os quais servirão de referência para suas tomadas de decisão na vida pessoal e profissional, possibilitando que haja com harmonia e ética nos seus relacionamentos pessoais e profissionais.

O quarto e último passo do autoconhecimento (neste contexto do artigo) é descobrir sua missão e propósito de vida, ou seja, encontrar sua razão de existir. Pessoas que têm clara sua missão e propósito de vida desenvolvem uma jornada com mais contentamento e bem-estar consigo mesmo e com os outros, pois quando encontramos nossa missão e propósito de vida, deixamos o egoísmo de lado e passamos a agir de forma altruísta com foco no servir, aí nossa vida se torna mais plena. Quando agimos com altruísmo, ajudando outras pessoas, recebemos em troca a sensação de bem-estar. Missão e propósito de vida transcendem questões materiais, ou seja, estão mais conectados ao ser do que ao ter. Quando fortalecemos nosso ser, vamos ao encontro da nossa melhor versão, ou seja, é o encontro da essência do nosso eu. Pense nisso e busque encontrar sua missão e propósito de vida. A minha, eu já encontrei: "inspirar pessoas a sonharem mais e a aprenderem mais ajudando a construir um mundo melhor". Essa é a hora de você encontrar sua melhor versão. Siga em frente.

Eliminando crenças limitantes

Crenças limitantes nos aprisionam na zona de conforto (não posso, não quero, não consigo...), já as crenças fortalecedoras nos ajudam a caminhar para a zona de crescimento (eu posso, eu quero, eu consigo...). De zero a dez, o quanto está preso nas crenças limitantes?

As crenças limitantes nos impedem de crescer pessoal e profissionalmente, limitando nossas atitudes dentro da zona de conforto e nos impedindo de alcançar algo mais na vida. Precisamos reprogramar as crenças limitantes para crenças fortalecedoras, essas sim nos levarão a alcançar nossos objetivos e a realizar nossos sonhos, fazendo com que saiamos da zona de conforto e migremos para a zona de aprendizado e conquistas. E como podemos reprogramar as crenças limitantes para crenças fortalecedoras? Utilize palavras positivas para reprogramar sua mente, substituindo palavras que proporcionam sentimentos negativos por palavras que proporcionam sentimentos positivos, por exemplo:

Eu não consigo fazer isso.	→	*Eu consigo fazer isso.*
Eu não posso fazer isso.	→	*Eu posso fazer isso.*
Eu não sei como fazer isso.	→	*Eu vou aprender a fazer isso.*

Condicione seu cérebro a pensar positivo em qualquer situação, mesmo na adversidade existem aprendizados. Precisamos condicionar nosso cérebro a enxergar oportunidades positivas em todas as situações. Agora é o momento de se desafiar e construir crenças fortalecedoras, escolhendo um desafio a realizar de algo que você anteriormente acreditava que não conseguiria fazer, vá em frente com pensamento positivo e vença o desafio que propor como tarefa. Defina a data e o local onde realizará e se superará. Siga em frente.

Construindo sua ponte para o futuro

Em um momento do filme *Alice no país das maravilhas*, de Lewis Carroll, a protagonista se encontra perdida em uma floresta e, de repente, surgem a imagem e a voz de um gato pendurado em uma árvore. Esse gato, ao ver Alice, pergunta: "para onde você está indo?", e ela responde: "não sei", ele devolve: "se você não sabe para onde está indo, qualquer lugar serve". De zero a dez, o quanto você se encontra na mesma situação da Alice?

Considerando a analogia do filme, quantas pessoas que conhece encontram-se nessa mesma situação? Ou seja, sem saber aonde querem ir e deixando o barco da vida levá-las, sem saber seu destino. Mudar esse contexto é uma responsabilidade somente sua. Para você mudar esse cenário de incertezas, você precisa criar uma bússola para guiá-lo rumo ao futuro, essa bússola se chama visão futura. A visão futura é como um lugar distante na montanha que pretendemos alcançar. É uma visão de longo prazo, por exemplo, a minha é "ser reconhecido como professor, consultor e escritor de nível internacional em gestão, liderança e desenvolvimento humano". Então, se quer ter sucesso pessoal e profissional, precisa definir como quer ser reconhecido no futuro, ou seja, como quer ser visto pela sociedade.

Ao definir sua visão futura, passa a conduzir seu barco de forma empoderada, sendo você o capitão e protagonista da sua história, passando a enfrentar obstáculos e tempestades com mais confiança e determinação, primando pela navegação baseada na bússola da sua visão futura e sabendo exatamente para onde quer levar seu barco.

A tarefa da "ponte para o futuro" será identificar e escrever sua visão futura, ou seja, visualizar como quer ser reconhecido no futuro. Defina uma data, hora e local em que realizará essa tarefa. Após escrever sua visão futura, busque viver esse momento em sua mente, imaginando você no futuro e sentindo esse estado desejado sendo realizado com seus amigos e familiares. Siga em frente.

Give Back to Society

O mundo, a cada dia mais, precisa de pessoas solidárias e generosas para ajudar pessoas mais necessitadas. O *give back to society* tem esse propósito de devolver algo de bom para sociedade.

Ao planejar seus objetivos e metas pessoais e profissionais, inclua uma nova coluna, denominada *"give back to society"*, na qual, cada vez que atingir um objetivo ou meta, se comprometerá a devolver algo de bom para a sociedade. Pode ser uma ajuda humanitária, uma palestra solidária, um momento de cuidado com os idosos, enfim, deverá se doar para a sociedade de alguma forma sempre que conseguir realizar um sonho ou atingir um objetivo ou meta.

Considerando o *give back to society* um movimento do bem, podemos, com nosso exemplo, disseminar esse movimento para nossa família, amigos, colegas de trabalho, entre outros, expandindo assim uma corrente positiva que ajudará a reduzir o sofrimento daquelas pessoas mais necessitadas que precisam de ajuda e oportunidade para terem uma vida mais digna.

O movimento *give back to society* deve ser realizado sem pensar em receber nada em troca, ou seja, é um movimento de mão única, sendo a atitude de servir o ápice da generosidade e solidariedade daqueles que encontraram sua verdadeira missão e propósito de vida. Abrace esse movimento e faça dele parte da sua vida e da vida de seus familiares e amigos. Vamos, juntos, fortalecer a solidariedade e generosidade, pois dessa forma ajudaremos a construir um mundo melhor.

Para iniciar seu engajamento nesse movimento, deverá realizar uma ação solidária para uma ou mais pessoas necessitadas. A estratégia de realização do *give back to society* fica a seu critério. Em seguida, defina uma data, horário, local e a estratégia para realizar o movimento. Mentalize e deseje ardentemente realizar essa tarefa, saiba que esse será o seu primeiro passo para começar a ajudar. Siga em frente e acredite que pode ajudar a construir um mundo melhor para as pessoas mais humildes e necessitadas.

Considerações finais

Considerando que não ensinamos nada a ninguém, mas que podemos provocar no outro reflexões que possam ajudá-lo a mudar comportamentos e atitudes para iniciar uma jornada de transformação positiva em suas vidas, espero de todo coração ter plantado uma semente com este artigo, o qual desejo que floresça em cada um de vocês **um novo amanhecer** com bem-estar, saúde, paz e muitas realizações, transcendendo tudo isso para seus familiares, amigos e entes queridos. Boa sorte e *Viva La Vida*.

11

LIDERAR PARA RESILIÊNCIA

A pandemia da COVID-19 tem afetado fortemente os mercados de trabalho, economia e empresas. O adequado gerenciamento de crises nas organizações pode ser determinante para a sobrevivência de muitas empresas. Investigações científicas práticas têm demonstrado que a resiliência ativada por uma eficiente liderança representa uma resposta adequada às grandes crises. Nesse sentido, um eficiente treinamento de líderes nos atributos da Inteligência Emocional, com uso da Atenção Plena, tem se mostrado o caminho necessário às organizações para ativarem suas resiliências.

JOSÉ BONFIM ALBUQUERQUE FILHO

José Bonfim Albuquerque Filho

Doutor em Administração pela UFPR e em Aplicações Militares pela Escola de Comando e Estado-Maior do Exército. *Master Coach* credenciado pela Professional Coaching Alliance e pela European Mentoring & Coaching Council. Administrador graduado pela Unisul-SC e bacharel em Ciências Militares pela Academia Militar das Agulhas Negras. Lecionou nos estados do Rio de Janeiro, Paraná e Paraíba e é especialista em Docência do Ensino Superior. Seu diferencial é a larga experiência em liderança e tomada de decisão, ressaltando-se a liderança de equipes (*team leader*) em situações de riscos em trabalhos da ONU na África. Como principal executivo da Coaching & Consultoria Soluções Empreendedoras, dedica-se às tarefas de desenvolvimento da liderança e aperfeiçoamento de executivos. É especialista capacitado ao ensino de *Yoga* integral.

Contatos
coachingconsultorias.com
mifnob@terra.com.br
83 98109-1083

Um líder é um vendedor de esperança.
Napoleão Bonaparte

No momento da publicação deste artigo, a crise provocada pelo coronavírus (SARS-CoV-2) ainda não passou. Entretanto, já se avista um cenário de desfecho da pandemia, sobretudo diante das perspectivas de sucesso dos programas de vacinação em 2021.

A crise tem ameaçado muitas organizações. No Brasil, de 1,3 milhões de empresas fechadas até junho de 2020, 40% foram em decorrência da pandemia (IBGE, 2020). No mundo, as perdas de rendimentos no trabalho sugerem um declínio de 10,7%, cujos prejuízos somam 3,5 trilhões de dólares (ILO, s.d.).

Até o presente momento, a pandemia tem afetado fortemente os mercados de trabalho, economia e empresas, incluindo cadeias de abastecimento globais, levando a interrupções generalizadas de negócios. Isso significa desempregos, mortes por fome e um alto índice de problemas mentais.

Assim, independentemente de quais prejuízos a COVID-19 deixará, torna-se importante uma reflexão sobre o futuro das empresas no pós-crise. Nesse sentido, este artigo se dedica às respostas adequadas ou mesmo à sobrevivência de empresas diante de crises. Os dados e argumentos aqui apresentados são baseados em investigações chanceladas pela comunidade científica.

Gerenciamento de crises

A primeira síndrome respiratória aguda grave (SARS) foi detectada no fim de 2002, na China. Em menos de um ano, o surto da doença resultou em mais de 8.000 casos e cerca de 800 mortes. Nesse episódio, o hospital *Tan Tock Seng*, em Singapura, destacou-se pelas efetivas respostas à crise de saúde pública e, também, à crise organizacional. Além de cumprir sua missão de cuidar de doentes, a instituição enfrentou com êxito as grandes perturbações impostas pelas medidas de controle da infecção, pela acelerada demanda de tratamentos e até pela ausência de funcionários causada por perdas de familiares e traumas.

Esse caso em Singapura foi estudado e publicado por cientistas (TEO et al., 2017), apresentando ensinamentos diante da complexa situação que se instalara tão logo começou o avanço da síndrome. Percebeu-se naquele hospital que a adequada resposta diante de uma crise depende sobremaneira da resiliência de seus membros, bem como das suas lideranças.

De fato, esse estudo vem corroborar as diversas investigações acerca da gestão de crises em organizações, com fins lucrativos ou não.

Por outro lado, é sabido que esse tipo de pesquisa tem sido altamente fragmentado devido à falta de acordo sobre a definição de crise, que assume características diversas. Apesar dessa fragmentação, existem dois conceitos gerais amplamente aceitos: crise como evento e crise como processo.

Uma crise como processo é o resultado de um longo período de incubação, permitindo tempo para percepção dos sinais que a antecedem e preparo de respostas organizacionais. Já uma crise como evento é inesperada e trata-se de episódio de percepção pública que afeta as organizações de forma profunda, como demonstra Deverell (2012) ao investigar as raízes dos estudos de gerenciamento de crises.

A crise provocada pelo coronavírus pode ser considerada como de evento, portanto, rara, inesperada ou imprevisível, de alto impacto negativo e que ameaça a viabilidade de muitas empresas.

Essas crises-evento vêm sendo estudadas há mais de meio século, conforme mostram investigações como as de Hermann (1963). São pesquisados episódios de grandes desastres naturais, como terremotos, epidemias, *tsunami*, inundações e furacões ou ataques terroristas em grande escala.

Entre essas pesquisas, em 2017, um grupo de cientistas americanos, liderados por Trenton A. Williams, fez uma ampla revisão bibliográfica e comprovou a ideia de que a gestão adequada dessas crises está correlacionada ao nível de ativação da resiliência e que, para isso, o estilo de liderança tem um papel fundamental. Isso reforça as conclusões sobre o sucesso do hospital de Singapura, citado anteriormente.

Assim, para que essas relações entre liderança e resiliência sejam mais bem compreendidas diante desses episódios, cabem considerações sobre cada um desses aspectos.

Resiliência

O conceito de resiliência tem suas raízes no campo da psicologia individual e da ciência do comportamento infantil. Refere-se à capacidade dos indivíduos de resistir ao estresse e se recuperar de eventos traumáticos.

Nos estudos organizacionais, particularmente na gestão de desastres, o entendimento dominante de resiliência foi influenciado por abordagens enraizadas na engenharia e nas ciências ecológicas. Nesse contexto, resiliência passa a ser uma característica de um sistema como um todo. Quanto mais robusto e menos vulnerável a perturbações, mais resiliente será o sistema.

Outro aspecto da resiliência, como mostra Van der Vegt (2015), é o fato de ela ser bem explicada pelas características das partes que compõem o sistema, além da interação dessas partes entre si e com seu ambiente. Assim, uma fonte significativa da capacidade organizacional de resiliência está contida nas características dos seus funcionários.

Muitos atributos dos funcionários podem ser importantes a esse respeito, incluindo habilidades individuais, cognições, afeto, comportamentos, inteligência, autoeficácia, estabilidade emocional, abertura à experiência, apoio social, reconhecimento de emoção, autodisciplina, desenvoltura e flexibilidade cognitiva. Enfim, traços de personalidade inatos e habilidades aprendidas pelos membros de uma empresa são fatores preponderantes.

Tendo isso em vista, há várias investigações, baseadas em estudos de casos e experimentos em laboratórios, buscando entender de que forma esses atributos pessoais podem ser potencializados em favor das diversas organizações.

Liderança e crise

As crises-evento evidenciam a necessidade de drasticamente se mudarem as práticas anteriores. Elas impõem quebras de estabilidade, conduzindo à definição de novos objetivos. Tudo isso pressionado pelo tempo.

A pressa em tomar decisões importantes e executar mudanças improvisadas pressupõe, de início, a importância de líderes dinâmicos e atuantes nesses momentos.

Certas tarefas da liderança têm sobressaído em momentos de crise. São exemplos: a) a construção de sentido e busca de significado, que permitem a interpretação da situação e levam esperança e confiança aos liderados; b) tomada de decisões encarando o fato real, sem deixar visões muito otimistas ou pessimistas mascararem a realidade da nova situação; c) incentivo e seleção de capacidades criativas na utilização dos recursos disponíveis; d) facilitação da reflexão e do aprendizado com a crise; entre outras.

Além disso, as situações críticas exigem dos líderes ações extraordinárias, sobretudo para superarem as reações emocionais, como medo, ansiedade e negação. Isso fica patente nos estudos feitos pela equipe da Dra. Erika H. James (2011), uma norte-americana acadêmica e empresária, atual reitora da *Wharton School* da Universidade da Pensilvânia. Segundo ela, a incapacidade de um líder na superação de emoções, suas e dos liderados, pode ser potencialmente mais prejudicial do que a própria crise.

Enfim, diante de eventos que envolvem situações inesperadas e potencialmente traumáticas, a destreza de líderes na realização de tarefas específicas, sobretudo o gerenciamento de emoções, pode ter implicações significativas nas respostas organizacionais às crises.

Liderança e resiliência

Nos estudos feitos sobre o hospital *Tan Tock Seng*, foi proposto um modelo que explica a ativação da resiliência pela liderança ao criar e aproveitar novas conexões de relacionamentos no ambiente de crise.

O modelo RAR (*Relational Activation of Resilience model*) está muito bem explicado no artigo de Winnie L. Teo (2017). Nele, se resume ao papel do líder:

1. Dar início a uma nova fase organizacional para encarar a crise.
2. Formar novas conexões relacionais.
3. Usar redes de relações para criar um significado coletivo que dá sentido à nova situação.
4. Promover comunicação atenta e consciente para ativar emoções positivas.

```
                    ┌─────────┐
                    │ Choque  │
                    │ Externo │
                    └────┬────┘
                         │
                    LIDERANÇA
                         │
                         ▼
                ┌──────────────────┐
                │  Dar início a uma│
                │     nova fase    │
                └────────┬─────────┘
                         ▼
```

Fase inicial - alteração das relações
- início de novas redes sociais

- Formar novas conexões relacionais;

- Usar redes de relações para criar significado coletivo que dá sentido à nova situação; e

- Promover comunicação atenta e consciente para ativar emoções positivas.

➡ RESILIÊNCIA ORGANIZACIONAL

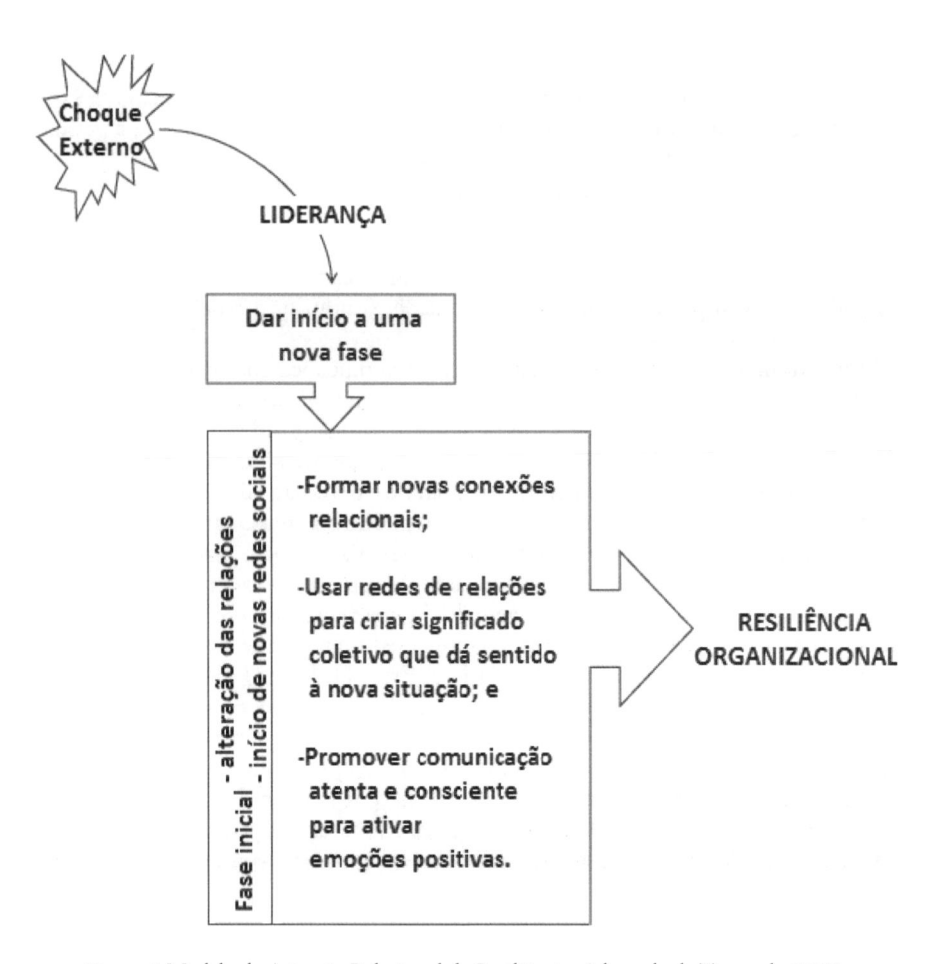

Figura 1 Modelo de Ativação Relacional da Resiliência. Adaptada de Teo et al., 2017.

Essas tarefas da liderança, especificadas no modelo da Figura 1, foram as responsáveis pela condução de membros do hospital *Tan Tock Seng* no sentido de encontrarem significado na situação de crise, de encararem as consequências com realismo e de utilizarem criativamente recursos disponíveis para respostas adequadas.

Assim, a construção das redes de relacionamento exigiu dos líderes um alto nível de integração, bem além do praticado em momentos de normalidade. Essas relações se constituíram em verdadeiros repositórios de emoções positivas, que ajudaram os indivíduos a ampliarem seus repertórios cognitivos, a conceberem inovações, assim como a adquirirem confiança para resolução da crise.

Esse alto nível de integração evocado pelos líderes explica a necessidade da comunicação atenta e consciente, ou atenção plena (*mindfullness*[1], em inglês), no relacionamento. A atenção plena sugere empatia, fazendo que os indivíduos se entendam,

---

[1] *Mindfulness* – Esse termo surgiu em 1979 no Ocidente, significando atenção plena, consciente, e foi popularizado pelo médico Jon Kabat-Zin. Segundo estudiosos, confunde-se com o tipo de meditação Vipassana, praticada por escolas budistas.

percebendo e respeitando a perspectiva do outro, o que restaura relacionamentos e reforça a saúde emocional.

Como bem formula o Dr. Daniel Goleman, desde seu *best-seller* de 1995, a Inteligência Emocional (IE) distingue o grande líder pela sua capacidade de autoconhecimento, autocontrole, motivação, empatia e destreza para construir relações com as pessoas e conduzi-las na direção desejada.

Lição do Dr. Goleman

Em 2011, um artigo de Daniel Goleman, intitulado *Resilience for the rest of us*, apresentou instruções de atenção plena (*mindfullness*) para o treinamento do cérebro no sentido da aquisição de resiliência.

Ilustrando com o exemplo de um estudo de caso em uma empresa de Biotecnologia, e apoiado em técnicas da Neurociência, Goleman torna evidente o papel fundamental da *mindfullness* no aprimoramento do circuito cerebral de resiliência em líderes e outros membros da empresa.

O método do treinamento resume-se a simples procedimentos que estimulam o cérebro a registrar, com foco total, qualquer atividade que aconteça no momento presente, mas sem julgamentos, com os seguintes passos:

1. Encontre um lugar calmo e privado onde você possa se isolar por alguns minutos — por exemplo, feche a porta do escritório e silencie o telefone.
2. Sente-se confortavelmente, com as costas eretas, mas relaxadas.
3. Concentre a atenção em sua respiração, permanecendo atento às sensações da inspiração e expiração, repita a cada respiração.
4. Não avalie sua respiração nem tente alterá-la de nenhuma forma.
5. Veja qualquer outra coisa que venha à mente como distrações: pensamentos, sons, o que quer que seja. Deixe-os ir e volte sua atenção para sua respiração.

Dr. Goleman afirma que, após oito semanas praticando *mindfulness*, em média 30 minutos por dia, as pessoas diminuíram sintomas de estresse e adquiriram características de resiliência. Esse fato foi comprovado por técnicas neurocientíficas de imagens do cérebro.

Agora e depois da crise

Ao finalizar este artigo, conclui-se que os ensinamentos adquiridos durante a primeira Síndrome Respiratória Aguda Grave, que permitiram o desenvolvimento do modelo *RAR* no hospital *Tan Tock Seng*, aliados ao método de treinamento para resiliência ressaltado pelo Dr. Daniel Goleman e às diversas conclusões das investigações sobre gestão de crises, já podem alimentar, nas empresas, a esperança de reposicionamento e ressignificação para tempos melhores.

Todos os estudos e pesquisas apresentados neste capítulo evidenciaram a certeza de que os líderes organizacionais já têm à disposição ferramentas eficientes para enfrentar a crise da COVID-19 agora e quando ela passar.

Referências

DEVERELL, Edward. Investigating the Roots of Crisis Management Studies and Outlining Future Trajectories for the Field. *Journal of Homeland Security and Emergency Management*, v. 9, art. 24, 2012.

GOLEMAN, Daniel. Resilience for the rest of us. *Harvard Business Review*, EUA, 2011. Disponível em: <http://hbr.org/2011/04/resilience-for-the-rest-of-us>. Acesso em: 28 fev. de 2021.

HERMANN, C. F. Some consequences of crisis which limit the viability of organizations. *Administrative Science Quarterly*, v. 8, pp 61-82, 1963.

IBGE – INSTITUTO BRASILEIRO DE GEOGRAFIA E ESTATÍSTICA. *Indicadores de empresas*, 2020. Disponível em: <http://covid19.ibge.gov.br/pulso-empresa/>. Acesso em: 13 out. de 2020.

ILO – INTERNATIONAL LABOUR ORGANIZATION. *COVID-19 and the world of work*, [s.d]. Disponível em: <http://ilo.org/global/topics/coronavirus/lang--en/index.htm>. Acesso em: 13 out. de 2020.

JAMES, Erika Hayes, et al. Crisis Management: Informing a New Leadership Research Agenda. *The Academy of Management Annals*. v. 5:1, p. 455-493, 2011.

TEO, W. L., et al. The relational activation of resilience model: How leadership activates resilience in an organizational crisis. *J Contingencies and Crisis Management*. v. 25, p. 136-147, 2017.

WILLIAMS, T. A., et al. *Organizational response to adversity: Fusing crisis management and resilience research streams*. The Academy of Management Annals. v. 11, p. 733-769, 2017.

VAN DER VEGT, Gerben, et al. *Managing Risk and Resilience: From the Editors*. Academy of Management Journal. v. 58, p. 971-980, 2015.

12

A TRAVESSIA

Neste capítulo, o leitor refletirá sobre os aprendizados advindos da crise do novo coronavírus. Quais as oportunidades escondidas em meio a um cenário socioeconômico delicado? Sem negar a realidade difícil que se instalou na sociedade, lançarei luz sobre as oportunidades de autoconhecimento, propósito e significado que levamos conosco nessa travessia.

KARINE PORTO

Karine Porto

Psicóloga pela Universidade Presbiteriana Mackenzie (UPM). Especialista em Gestão Estratégica de Pessoas pela Fundação Getulio Vargas (FGV). Formação em Coaching e PNL pelo Instituto Brasileiro de Desenvolvimento Emocional e Coaching (IBDEM). Mais de 15 anos de experiência na área de Gestão de Pessoas, sendo mais de oito anos dedicados ao desenvolvimento de pessoas em uma instituição de saúde. Intervenções por meio de treinamentos comportamentais, trabalhando os temas: empatia, trabalho em equipe, assertividade, motivação, liderança, gestão do tempo, visão sistêmica, *feedback* e inteligência emocional. Promoção de ações de fomento à saúde física/mental e qualidade de vida por meio da organização de programas com intervenções lúdicas, rodas de conversa, relaxamento e ações de valorização do colaborador. Atuação nas áreas clínica e organizacional.

Contatos
karineprimo@hotmail.com
Instagram: @gotas.de.1nsp1racao

Passou, e agora? Existe um conto que ilustra muito bem o que muitos de nós vivenciamos. É o conto da "vaquinha". Você conhece?

Conta-se que um mestre e seu aprendiz foram visitar uma família de fazendeiros muito pobre. Possuíam somente uma vaquinha para suprir suas necessidades. Era tudo o que tinham.

O mestre ordenou ao aprendiz que lançasse a vaquinha no precipício. O aprendiz ficou assustado e hesitante, mas obedeceu ao seu mestre.

Passados alguns anos, o aprendiz ainda se sentindo culpado, voltou àquela fazenda. Ele queria reparar o dano que havia causado. Aproximando-se da fazenda, pensou que a família havia vendido, tamanha mudança que avistara já de longe. O caseiro se aproximou e recebeu o aprendiz que se maravilhou com a prosperidade do local. Logo avistou os donos e reconheceu a família que anos atrás o havia recebido. "Quanta prosperidade", disse o aprendiz. "O que houve?" O pai da família explicou que, com a morte da vaquinha, muitas mudanças ocorreram. Foi necessário explorar novas alternativas de sustento. Então, descobriu que sua terra era boa para o plantio e nasceram muitas frutas no local. Sua esposa sempre gostou de fazer artesanatos e aprendeu lindos modelos para comercializá-los. Sua paixão por pães com ingredientes orgânicos e saudáveis se transformou em renda. Seus filhos aprenderam a arte de arar a terra e resolveram estudar as maravilhas que a natureza oferece. E, assim, o aprendiz aprendeu a lição do seu mestre.

Milhares de pessoas em todo o mundo foram afetadas pela crise do novo coronavírus. Não se pode minimizar seus efeitos e o quadro socioeconômico que tudo isso engendra. Comerciantes tendo que fechar suas portas ou usar todas as suas reservas para se manter, aumento do número de desempregados, isolamento social, agravamento de doenças mentais, estados de ansiedade ao se deparar com o medo da morte, seja a sua própria morte ou dos seus queridos. Cada um reagiu ao seu modo, empregando os recursos que tinham no momento, fazendo o seu melhor para superar seus desafios. Por isso não nos cabe julgar, e sim ajudar nessa travessia.

No entanto, em meio a esse caos de notícias alarmantes, prestei atenção nas soluções que muitos encontravam.

Havia acabado de ler o livro *O jeito Havard de ser feliz*, de Shawn Achor (2012). Inspirado pela Psicologia Positiva, quis estudar o que funciona e quais os aspectos positivos da experiência humana, pois estudos assim eram muito escassos.

Então, nos noticiários, os casos de sucesso me saltaram os olhos. Logo me animei ao saber da existência do projeto CrieAção, iniciativa da RCRambiental e da associação ReciclaCaieiras, que ensina famílias a venderem dispenser de álcool em gel como itens reciclados e, assim, obter renda nesse momento desafiador. O mais interessante é que o dispenser é acionado ao pressionar com o pé, evitando o contato com a mão, dificultando a contaminação pelo vírus. Há também empresas têxteis que se readaptaram vendendo máscaras, iniciativas de costureiras que começaram modestamente e passaram a ajudar muitas pessoas, pessoas desengavetando antigos sonhos e colocando a mão na massa. Andrade (2020), no site Forbes, informa que aumentou significativamente o número de novos empreendedores em meados de junho de 2020 se comparado ao ano passado. É o caso da empreendedora Rachel Leão, que viu seu antigo posto de trabalho extinto e aproveitou a oportunidade para trabalhar com plantas e se reconectar com a natureza, viabilizando um desejo antigo (Andrade, 2020). Enfim, seria possível buscar vários exemplos de versatilidade humana neste cenário.

Gostaria, contudo, de me deter a um exemplo próximo a mim. Certo dia me surpreendi com uma amiga que, ao perder o emprego, se redescobriu vendendo bolos. Uma atuação totalmente diferente do que ela fazia anteriormente. Ah, antes que me perguntem, eu experimentei o bolo, e é simplesmente delicioso!

Como surgiu essa ideia? Será que ela já havia pensado nisso?

No caso da minha amiga, sua "vaquinha", isto é, seu emprego, foi jogado no precipício. Então, o que ela fez a partir daí? Busquei sanar minha curiosidade de como decorreu o seu processo de se reinventar, e ela me revelou.

Vanessa conta que, após perder o emprego, começou a cadastrar seu currículo em várias empresas, contatou seus colegas que exercem a mesma profissão, mas eles também haviam perdido seus empregos.

Revela que nutria o desejo de acompanhar os seus filhos mais de perto trabalhando em casa. E ao mesmo tempo sempre gostou de fazer bolos, principalmente aqueles que acompanham um cafezinho da tarde.

Já havia tentado empreender anteriormente, mas devido às circunstâncias daquele momento, voltou ao mercado de trabalho.

Não preciso dizer que Vanessa uniu o útil ao agradável quando pensou em colocar em prática o seu sonho.

Não é tão simples assim, requer muita dedicação. Depois que seus filhos dormiam, se debruçava nos estudos de como iniciar seu próprio negócio. "Existe todo um bastidor por trás do bolo pronto. Tem a organização das compras dos insumos, controle financeiro, a estratégia de *marketing*, elaboração do cardápio etc.", revela Vanessa.

Além de que inovar é a palavra de ordem para quem deseja empreender.

Vanessa conta que ficou muito feliz por ter tomado essa atitude e se animou mais ainda pelo reconhecimento dos clientes. Relata que essa pandemia trouxe reflexões sobre o que realmente importa nessa vida e o quanto é necessário focar nas soluções, em vez de centralizar somente nos problemas.

E você, caro(a) leitor(a), quais foram as suas reflexões?

O que aprendeu com a história da Vanessa?

Assim como ela, você perdeu alguma "vaquinha"?

Mais do que sobrevivência, Vanessa desejava uma vida plena, condizente com seus valores, satisfeitos por meio da convivência com a sua família.

Nessa conjuntura, a pandemia nos lembrou que a morte existe e que devemos pensar sobre ela, não em seu sentido mórbido, mas na forma como queremos conduzir as nossas vidas, pois assim como a Vanessa, nós também desejamos uma vida rica em propósito e significado.

Bronnie Ware (2012), em seu livro *Antes de Partir: uma vida transformada pelo convívio com pessoas diante da morte*, traz importantes considerações sobre viver uma vida com significado, propósito e afeto.

Ao longo de seu trabalho como cuidadora de pacientes idosos e/ou terminais, elencou os cinco maiores desejos não cumpridos que eles revelaram antes de partirem:

1. Coragem de viver uma vida fiel a si mesmo, não sendo refém da expectativa alheia.
2. Não ter trabalhado tanto e esquecido outras facetas importantes da vida.
3. Coragem de expressar seus sentimentos.
4. Ter permanecido em contato com os amigos verdadeiros.
5. Ter se permitido ser mais feliz.

Nessa travessia pudemos, em algum momento, refletir sobre esses aspectos.

Coragem de viver uma vida fiel a si mesmo requer coragem de suplantar julgamentos, críticas e não viver se comparando com outras pessoas.

Muitas vezes vivemos o sonho de nossos pais que desejam projetar suas realizações em nós. Isso é um ciclo sem fim, pois procede de uma herança simbólica ou comportamental inconsciente. Esse ciclo se quebra quando tomamos consciência dele e conhecemos nossos talentos e desejos verdadeiros.

E você, já se sentiu vivendo na pele de outra pessoa?

Quando você é fiel a si mesmo e conhece seus valores, se liberta e autoriza outros a fazerem o mesmo.

"A compaixão começa com você", diz Ware (2012, p. 61).

Ou seja, aplicar a compaixão a si mesmo faz bem para você e para os demais.

Quando a autora relata o arrependimento dos moribundos e o desejo de "não ter trabalhado tanto", refere-se à ausência de equilíbrio entre outras áreas da vida. É muito importante amar o trabalho. Ele é fonte de realização, significado e propósito, e preenche as nossas vidas. Contudo, se esse desejo de garantir o futuro se torna exagerado, perde-se o presente, desvia-se das coisas reais.

A correria alucinada consome o tempo, e um tempo que não volta mais.

Nessa travessia, o isolamento social forçou uma pausa involuntária, contrastando com a agitação do mundo moderno. Você teve a oportunidade de reavaliar o seu estilo de vida?

A convivência familiar, por outro lado, se tornou mais intensa. Para alguns, uma oportunidade de refazer os laços; para outros, vieram à tona ressentimentos antigos culminando em lares desfeitos.

Nessa vulnerabilidade, será que tivemos mais coragem de expressar sentimentos?

O medo de nos arriscarmos, de não sermos correspondidos, aceitos ou compreendidos, faz com que ergamos muros de proteção sobre nós. Se compreendermos que a reação do outro é do outro, não controlável, e aceitarmos a resposta que vier, estaremos livres para nos expressarmos.

Deixar fluir os seus sentimentos de maneira gentil é saudável e permite que as pessoas o conheçam verdadeiramente, o que atende nossa necessidade de aceitação e compreensão, mesmo que não correspondida por todos.

Brené Brown (BRENÉ, 2019), em sua palestra sobre vulnerabilidade, lança luz sobre esse tema de maneira muito envolvente, apresentando mais de 20 anos de estudo sobre esse tópico.

O desejo de ter mantido contato com os amigos é outro aprendizado que se relaciona com a nossa necessidade de conexão. Quais são os seus amigos íntimos? Você teve a oportunidade de se aproximar deles virtualmente? O isolamento social realça a ausência de pessoas caras a nós. Ironicamente nos esquecemos dessas pessoas na correria cotidiana, mas com o isolamento forçado, a internet se mostrou um canal de ótima conexão e renovação desses laços.

Ware (2012) reforça que, em momentos de solidão, faz a diferença ter próximo pessoas que nos aceitam como somos, preenchendo nossas necessidades de compreensão e aceitação.

Por fim, o desejo de permitir-se ser mais feliz. Você poderia dizer: "Quem não se permitiria ser feliz?".

Às vezes, inconscientemente, fazemos isso ao nos punir, culpando-nos por não sermos perfeitos, por ter falhado em algo ou com alguém. Se trocarmos a culpa pela responsabilidade e pelo autoperdão, podemos evoluir e ter atitudes mais coerentes com o que desejamos. Aprender com o passado e aceitar que estamos em formação contínua nos liberta para sermos felizes no dia que se chama hoje.

A autora acredita que se trata de uma escolha. Focar nas dádivas de cada dia, com gratidão pelas pequenas e grandes coisas.

Achor (2012) reforça essa tese dizendo:

> Inúmeros outros estudos demonstraram que pessoas em geral gratas são mais energizadas, emocionalmente inteligentes, tolerantes e menos propensas à depressão, ansiedade ou solidão. E não é que as pessoas sejam gratas só porque são mais felizes; a gratidão provou ser uma causa importante dos resultados positivos (p. 107).

As varandas dos apartamentos e das casas foram redescobertas. A apreciação do *show* da natureza com lindos amanheceres e entardeceres pelas janelas. Uma nova perspectiva sobre o relacionamento familiar se apresentou, os que estavam com dificuldades nesse campo foram forçados a acertarem seus ponteiros.

Lembrando que uma postura gentil e compassiva consigo mesmo é um jeito melhor e sadio de se tratar (WARE, 2012). Terão dias que não aplicaremos as recomendações necessárias. Outros dias precisaremos de ajuda para adotar perspectivas melhores para a vida. Tudo bem. Faz parte. Terão dias que precisaremos ler novamente essas palavras de encorajamento. Tudo bem. Faz parte.

Passou, e agora?

Seguiremos fincados em raízes mais profundas, valorizando o que mais nos importa, acreditando em nossa capacidade de nos reinventarmos e sermos protagonistas da nossa história.

Finalizo deixando uma poesia de minha autoria inspirada nessas reflexões.

A Travessia

Essa travessia me ensinou
Que na dor ou no amor
Pode nascer uma flor
No veneno há antídoto
Provisão do Criador

Aprender é uma dádiva
Para prender em mim...só o que faz bem
Na alegria ou na dor
Quero prender em mim
Só algo de valor.

Karine Primo

Referências

A.D. *Parábola da vaquinha e o precipício*. Pensador, 2020. Disponível em: <http://pensador.com/frase/MTQyNzE4MA/>. Acesso em: 26 out. de 2020.

ACHOR, Shawn. *O jeito Harvard de ser feliz*: o curso mais concorrido de uma das melhores universidades do mundo. Tradução de Cristina Yamagami. São Paulo: Saraiva, 2012. 232p.

ANDRADE, Juliana. *Empreendedorismo na pandemia: 13 negócios que surgiram durante a crise de COVID-19*. Forbes, 09 jul. 2020. Disponível em: <https://forbes.com.br/negocios/2020/07/empreendedorismo-na-pandemia-13-negocios-que-surgiram-durante-a-crise-de-covid-19/>. Acesso em: 06 nov. de 2020.

BERTÃO, Naiara. Projeto ajuda famílias de comunidades a gerarem renda na pandemia. *Valor Investe*: São Paulo, 05 de Jul. 2020 07h15. 2020. Disponível em: <http://valorinveste.globo.com/objetivo/empreenda-se/noticia/2020/07/05/projeto-ajuda-familias-de-comunidades-a-gerarem-renda-na-pandemia.ghtml>. Acesso em: 5 nov. de 2020.

BRENÉ, Brown. *The call to courage*. Direção de Sandra Restrepo. Estados Unidos: Netflix, 2019.

WARE, Bronnie. *Antes de Partir: uma vida transformada pelo convívio com pessoas diante da morte*. Tradução de Chico Lopes. São Paulo: Geração Editorial, 2012. 315p.

13

COMO RESSIGNIFICAR MOMENTOS DE DOR, ANSIEDADE E DÚVIDA NO "NOVO NORMAL"

Neste capítulo, você encontrará uma linguagem simples e efetiva para ressignificar suas dores, transformando-as em recursos para uma jornada com mais equilíbrio e inteligência emocional. Aprenda como suas vulnerabilidades podem fazê-lo mais forte para enfrentar a nova realidade, aplicando três passos simples para lidar com os medos que congelam.

KÁTIA CASANOVA

Kátia Casanova

Administradora formada pelo Centro Universitário da FEI em São Bernardo do Campo, com MBA em Finanças Corporativas pela Fundação Getulio Vargas-SP. Gestora por mais de 15 anos em grandes empresas nacionais e multinacionais, o que proporcionou a experiência para as mentorias de líderes. *Master coach* especialista em Equilíbrio Emocional Feminino, com formações pela SBCoaching, IGT International Coaching e outras instituições. Analista comportamental (DISC), hipnoterapeuta clínica, terapeuta floral e aromaterapeuta, mentora, palestrante e treinadora de alto impacto emocional. Idealizadora do Projeto *Power Lady* que abrange o cuidado integral e sistêmico da mulher por meio de *coaching* em grupo. Fundadora do *Método Seja*, que combina todas as práticas e conhecimentos em desenvolvimento humano (minhas formações e experiências) em um processo único e exclusivo, aplicado por meio da prática do Conceito Boutique (individualidade com exclusividade).

Contatos
katiacasanovacoach.com.br
contato@katiacasanovacoach.com
Instagram: @katiacasanovacoach
Facebook: @katiacasanovacoach
11 94785-8386

Quando decidi escrever sobre os três passos importantes, que me fizeram verdadeiramente mudar meus pensamentos e minhas atitudes ao longo da jornada, bateu algo que normalmente nos congela: o medo do julgamento. Ah, um detalhe... esse é apenas um dos medos que vivenciamos e que nos paralisa constantemente. Mesmo sabendo que seria julgada, estou aqui, para demonstrar que é possível passar pelo julgamento, começando pelo nosso próprio, e ressignificar de verdade.

Vencer o medo e a vergonha para transmitir neste capítulo o que aprendi vivendo e que hoje transmito aos meus *coachees* é apenas uma parte desse exercício de transformação.

Nos próximos parágrafos existe para você, muito amor e verdade, para conectá-lo com forças que farão a diferença na sua vida neste "novo normal" em que vivemos.

Vamos dar um novo significado para esses momentos que passamos com práticas simples e eficazes, permita-se. Aqui é o seu lugar e o momento certo. Acredite!

Primeiro passo: aprender a sentir com clareza. Viver suas conexões com simplicidade é sabedoria

Clareza é a palavra de ordem por aqui. Ao menos é o que afirmo sempre que desejo ressignificar e alcançar algo. Construir uma vida plena em que as relações e conexões são fáceis quando estamos diariamente surtando pelas incertezas e misto de emoções é possível? Sim, é possível.

Exercitar a clareza está ligado ao quanto sente o que faz. Isso mesmo, você tem sentido o que tem feito ou apenas racionalizado?

A verdade por trás dos filtros e máscaras bonitinhas e, principalmente, dos caminhos que desejam que a gente siga é, em sua maioria, racional. Pensados para sermos assim e não precisarmos ponderar em ter clareza para aceitar a realidade que se mostra cada dia mais dura.

Esse assunto daria um livro inteirinho, mas, para ir direto ao ponto, vou dar mais luz a esse tópico fazendo duas perguntas para refletir:

> *Como está sua clareza com relação a você mesmo?*
> *Você sabe o que quer para você e para sua vida neste momento?*

Se respondeu de cara, já é um ótimo começo. Mas se a resposta é "não sei, não consigo pensar", então me deixe ajudá-lo.

Acreditar no nosso poder e começar a olhar para dentro da gente dói. É verdade! Mas é o primeiro passo para colocarmos ordem e prioridades na nossa jornada. Sentindo e saindo do automático.

Alcançar a clareza para agir depende muito mais do que você sente do que dos julgamentos que envolvem a rotina permeada por padrões. As vidas perfeitas das redes sociais, por exemplo, são os palcos do que se quer mostrar. O desafio é viver a realidade de verdade, isso inclui vencer o medo de se enxergar em meio às dificuldades da escuridão.

Conectar-se com você em primeiro lugar é a chave para se conectar verdadeiramente com a clareza do outro. Já parou para pensar nisso? Se a gente não se conhece, como podemos viver as relações sem a premissa dos julgamentos que temos e sofremos o tempo todo? A primeira pessoa a fazer esses julgamentos somos nós.

Para exercitar o primeiro passo, escolha algo bem simples para começar a exercitar seu egoísmo positivo. E o que é o egoísmo positivo? É a ação de cuidar de você em primeiro lugar nos assuntos mais simples de autoamor e, assim, ser o ponto de partida para fortalecer e auxiliar os outros. Adquirir a experiência para não fazer julgamentos vazios. Um exemplo: se quero que alguém da minha família cuide da sua saúde, serei eu o exemplo do autocuidado: a primeira a fazer os *check-ups*, dormir bem, me alimentar bem e, assim, poder falar com propriedade do autocuidado.

Para isso, escolha apenas um hábito para começar e pratique sempre e primeiro em você, isso é o egoísmo positivo. Para querer o bem de alguém, eu devo ser a primeira a ter isso comigo como premissa clara de vida. Faz sentido?

Segundo passo: permitir-se é ter coragem

Tenho medo de mudar, e agora?

Eu imagino o quanto, aliás, eu já senti o quanto é doloroso e pesado enfrentar o medo de mudar.

Medo é comum e, nesses momentos de isolamento e incertezas, fácil seria se fosse como falam por aí "*perde o medo e faz... se tá com medo, faz com medo mesmo*", mas, na real, tem coisas que não dá para simplesmente apertar o botão do tanto faz e mandar ver, não é?

Eu tenho várias histórias sobre os medos. Uma delas é que sempre senti medo de não estar agradando em uma roda de conversa ou de expressar minha opinião, já passou por isso? Ter pessoas rindo e falando coisas legais e você só olhar e rir, buscando não chamar muita atenção e assim não ter de responder à pergunta matadora: "*E você, o que acha disso ou daquilo?*" Quem nunca congelou? Eu já congelei inúmeras vezes, e congelava mesmo, ficava sem ação, por puro medo. E hoje, congelo? Não como antes. Hoje me permito.

Praticando o egoísmo positivo (que me faz olhar lá para dentro de mim e ver que tenho recursos próprios e posso ser eu mesma, que cuido de mim e dos meus pensamentos em primeiro lugar), consigo descongelar e me impor. Sempre considerando as situações com empatia e levando em conta meu limite de posicionamento e exposição, respeitando e exercitando os meus valores.

Sabemos a todo o tempo que querem que sejamos seres perfeitos e que nos julgam para que representemos perfeitamente todos os nossos papéis.

Agora, me responda com sinceridade: que tipo de perfeição é a ideal para você? Você sabe? Conhece o que e como tem de fazer em cada um dos seus papéis para não ser julgado?

Como ser perfeito em meio a tantas imperfeições e adaptações? Ser ótima mãe, ótimo pai, ser ótima esposa, esposo, excelente profissional, perfeito na cama, na mesa e no banho, no clube, com os amigos, com a família e com os vizinhos. *Rapaazzzz, dou conta disso tudo não!* Se ser perfeito para ser aceito é ser o melhor em tudo para o julgamento da sociedade, então, vamos de papo reto?

Nunca agradaremos a todos com perfeição sem sermos julgados, e está tudo bem!

O jeito é se permitir fazer e ser apesar do medo de não ser perfeito. Faça com a clareza do seu coração e do seu sentimento no momento. Isso mesmo, o seu sentimento no momento. E está tudo bem. Isso sim é coragem! A nossa coragem de sermos imperfeitos e aceitar que não temos como viver sem aceitar nossas vulnerabilidades.

Dá alguma fagulha de clareza quando falo isso? Faz sentido? Dá até um alívio, não dá?

A palavra vulnerabilidade não é ruim, ela traz a verdade por trás de tantas mentiras e máscaras que racionalizamos para viver.

Acredito que temos isso desde quando éramos crianças, principalmente quem é da geração na faixa dos 30 aos 50 anos. Tínhamos de seguir o que era "certo" para tudo, mas, vamos combinar, já tivemos medo dessas regras e convenções, hoje podemos usar a coragem e nos permitir sentir para fazer diferente.

Para você refletir e reforçar sua clareza agora com coragem, responda a essas perguntas a seguir com sinceridade:

> *Você tem algum medo hoje que te bloqueia de progredir?*
> *O que você acha que te fez forte para chegar até aqui?*

Traga à tona agora todas as suas vitórias. Isso mesmo! Agora é o seu momento de permitir trazer tudo o que já realizou até hoje e celebrar quantos momentos e ações de coragem você já teve, apesar do medo de falhar. São muitos? São poucos? Para falar a verdade, não importa a quantidade, mas todos nós, desde que nascemos, já vencemos o medo de estarmos vivos. Quer medo maior que esse? Enfrentar cada fase da nossa vida já é ter coragem suficiente para qualquer coisa e fazemos isso apesar de toda insegurança que cada fase da vida nos traz.

Use suas vitórias para sempre lembrar que os medos, sejam eles quais forem, não foram bloqueios para você. Que, apesar deles, você pode estar aqui lendo essas palavras e ser uma pessoa cada vez mais forte e um ser humano cada vez melhor. Isso é ter coragem para viver.

Terceiro passo: sentir e aceitar que sua vulnerabilidade é força

Ser vulnerável não é fraqueza. É ser humano! Todos temos algum momento da vida, de dúvida e de falar que não é bom o suficiente em algo. Exemplo: "eu não sou magra o suficiente", "eu não sou bom pai o suficiente", "eu não ganho o suficiente", "eu não sou inteligente o suficiente". E o que isso significa? Que somos fracos? Rasos? Sem conteúdo? Não! Significa que precisamos compreender o nível de vulnerabilidade que nos permitimos viver e encarar até hoje.

Para trabalhar isso, não precisamos passar a nos expor na internet ou em qualquer lugar para mostrar que somos humanos. Precisamos, sim, avaliar onde e com quem podemos construir a confiança para exercitar a vulnerabilidade com verdade.

Com as mídias sociais esfregando na nossa cara o tempo todo uma vida de sonhos e de sorrisos, em que tudo parece perfeito, nós acreditamos que só assim "a vida é bela e a felicidade até existe". Conhece essa expressão? Pois é, são na sua maioria mentira, ou uma quase mentira, só estamos vendo o palco dessas pessoas. O que precisamos verdadeiramente exercitar com disciplina é a nossa autoconfiança e, assim, nos permitirmos usar a vulnerabilidade e deixar que seus recursos possam exercer o papel natural em nossas vidas.

Olhar com amor. Essa é a lição que a vulnerabilidade traz. Quando temos clareza de quem somos, do que desejamos no nosso coração alcançar e colocamos a coragem de reconhecer nossas virtudes e defeitos, criamos a grande chave para alcançar uma vida cada vez mais plena.

Faz minimamente sentido isso para você? Vulnerabilidade é força!

Dentro desse conceito, faz muito sentido olharmos e trabalharmos a autoconfiança, que começa dedicando-se mais a nós mesmos, ao nosso interior. Como falamos nos passos anteriores, a clareza e a coragem de se olhar por dentro permitirá o reconhecimento de nossas vulnerabilidades e, assim, trabalhar a autoconfiança e as ações que nos levarão a uma vida mais verdadeira.

No resumo, listado em tópicos a seguir, veja como pode ser fácil termos clareza parar conquistar a autoestima perdida em meio ao caos, à autoconfiança e, assim, nos permitirmos ressignificar o que desejarmos em nossa jornada:

1. Autoaceitação = exercitar a coragem.
2. Encontre-se e permita-se = clareza.
3. Fortalecimento = reconhecer seus medos e suas vulnerabilidades como força praticando o egoísmo positivo.

Passo importante: encontre sua direção, nem que para isso precise pedir ajuda profissional

Esses passos são apenas algumas direções que eu segui nos momentos mais sombrios e doloridos da minha jornada e sigo até hoje para me realinhar, ressignificar a dor e conquistar meus sonhos. Às vezes, nosso problema é nos sentirmos muito sozinhos e por isso desanimamos. Saiba sempre que é possível ressignificar e recomeçar. A força é você se permitir e buscar ajuda. Acredite, fará toda a diferença!

Ah! E um passo extra para todos os dias: pratique a gratidão

Você é capaz de alcançar tudo o que realmente merecer.

Pratique a gratidão como o antídoto para a "alegria como mau presságio" (aquela que temos quando tudo está dando tão certo que bate aquela insegurança e falamos assim, se estou rindo assim, daqui a pouco vou chorar).

Gratidão como remédio para os dias ruins e como parceira inseparável para a vida plena com felicidade em abundância.

Faça com que todas as suas ações em direção aos seus objetivos tenham a clareza suficiente para, nos momentos mais desafiadores, sua jornada fazer sentido e assim a luz continuará brilhando dentro de você, até a conquista dos seus mais lindos e verdadeiros sonhos.

Permita-se com clareza agradecer e evoluir como ser humano.

Afinal, tudo passa, mas a sua evolução, você levará para todo o sempre.

14

OS DESAFIOS DOS ASPECTOS EMOCIONAIS EM SITUAÇÕES DE CRISE

Estabelecer estratégias eficazes para regulação emocional interna e, assim, potencializar resolução de problemas externos. Olhar para dentro de si impulsiona a reflexão sobre coisas que realmente valorizamos e o que é importante para nós. Aprender a tolerar o mal-estar, estabelecer capacidade de aprendizagem e resiliência, esta é a mensagem que o capítulo convida os leitores a identificar diante de situações de crises.

KATIA VENDRAME

Katia Vendrame

Psicóloga Katia Vendrame – CRP 07/23029. Graduada pela PUC-RS. Escritora e psicóloga clínica, atua em consultório na cidade de Porto Alegre/RS com atendimento presencial e *on-line*. Treinamento Intensivo em Terapia Comportamental Dialética (Behavioral Tech e The Linehan Institute/EUA). Especialista em Terapias Cognitivo-Comportamentais e Esquemas (Intcc) e Psicologia Clínica com ênfase em Avaliação Psicológica (Núcleo Médico Psicológico). Coautora do livro *O Poder do otimismo*.

Contatos
www.vendramepsicologia.com.br
contato@vendramepsicologia.com.br
Facebook: vendramepsicologia
Instagram: @psicologakatiavendrame
51 99942-7182

> *O que perturba o ser humano não são os fatos,*
> *mas a interpretação que ele faz dos fatos.*
> Epitectus, século I

Cenários difíceis como momentos de crises, nos quais não temos o menor controle sobre o meio, podem produzir sofrimento e dor. Essas situações fazem parte da vida e nem sempre podem ser removidas ou evitadas.

Dessa forma, precisamos desenvolver habilidades voltadas a tolerar o mal-estar e focar no que funciona para sobreviver à crise e aceitar a vida no momento presente, tendo potencial de transformação, em busca de melhorias. Freud, em 1916, já abordava essa temática no meio da Primeira Guerra Mundial e colocou: "Reconstruiremos tudo o que a guerra destruiu e, talvez, em terreno mais firme e de modo mais duradouro do que antes." (FREUD, 1916).

Nossa vida é repleta de perdas e ganhos o tempo todo, entretanto a pandemia de COVID-19 acarretou inúmeras perdas no mundo todo. Como ficará o mundo pós-pandemia? Com qual mundo estamos nos deparando? Não sabemos todas respostas, mas sabemos que situações de crises – como a da COVID-19 – deixam consequências a médio e longo prazo no conjunto da sociedade, gerando uma sensação de insegurança, incerteza e ansiedade em relação ao futuro.

A nova realidade impôs mudanças no modo de vida, nas relações sociais, nos sonhos etc. Pessoas de todas as idades e classes sociais perderam alguma coisa e precisaram mudar de maneira profunda suas rotinas.

Existe uma grande variedade de reações e sentimentos que cada pessoa pode apresentar diante desse evento. Diante de uma situação de crise, alguns podem precisar de maior suporte psicossocial, de ajuda especializada para desenvolver mais recursos e habilidades. Muitas pessoas podem se sentir amedrontadas, sobrecarregadas, ansiosas, insensíveis, confusas, anestesiadas ou desorientadas em relação ao que está acontecendo. Algumas podem ter reações leves, enquanto outras podem ter reações mais graves. O modo como cada indivíduo reage depende de muitos fatores, incluindo: vivência anterior de situações de crise, histórico pessoal e familiar de problemas de saúde mental, apoio que receberam de outras pessoas durante a vida, cultura e tradições pessoais, estado de saúde física, idade, contexto socioeconômico entre outros.

Toda crise nos remete a mudanças e desafios. Quando nos deparamos com algum desafio ou buscamos por ele, estamos automaticamente em processo de mudança, de frente com o novo, o desconhecido, sendo essa parte pertencente a qualquer tentativa de mudança, podendo gerar sentimentos de medo e ansiedade em diferentes intensidades e frequências. A maneira como reagimos e lidamos com as emoções desagradáveis, influenciam no processo. Podemos realizar esforços para escapar ou evitar dor e mal-estar, com dificuldade de aceitar a emoção, negando a realidade ou lastimando os eventos, o que pode interferir nos esforços para estabelecer mudanças desejadas ou adaptativas. É necessário perceber a nova realidade para que haja superação, adaptação e transformação.

O poema abaixo traz uma reflexão sobre esse tema e nos coloca uma proposta de psicoeducação sobre as emoções e a importância de acolhê-las.

A hospedaria, Barks e Segal (2002)

"Ser humano é como ser uma hospedaria.
A cada manhã há uma nova chegada.

Uma alegria, uma depressão, uma mesquinharia,
Uma percepção momentânea,
Todas chegam
Como visitantes inesperados.

Acolha e receba bem todos eles
Mesmo que seja uma multidão de tristezas
Que invade a sua casa violentamente,
Levando toda mobília,

Mesmo assim, faça as honras a cada hóspede.
Eles podem estar desembaraçando você
E preparando-o para um novo dilema.

O pensamento sombrio, a vergonha, a malícia,
Receba-os à porta sorrindo
E convide-os a entrar.

Seja grato a quem vier
Porque cada um deles foi enviado."

O poema traz a ideia da importância de perceber e aceitar as emoções, em vez de eliminar as respostas emocionais desagradáveis como, por exemplo: tristeza, ansiedade, angústia, raiva.

Na psicologia, existe um termo chamado Aceitação Radical, que pode nos ajudar a refletir sobre isso. É quando você não consegue evitar eventos dolorosos, emoções ou circunstâncias da vida, como acontece com a pandemia da Covid-19, por exemplo. Rejeitar ou negar a realidade não vai mudar os fatos. Mudar a realidade exige inicialmente aceitar os fatos reais. Envolve abrir mão de brigar com a realidade e compreender os fatos que são verdadeiros.

"A incerteza faz parte de um mundo real."

A aceitação:
- é poder reconhecer o que é verdade
- é ver a realidade como ela é
- é perceber o ambiente como ele é
- não significa: concordar, aprovar, lastimar, ser passivo, paralisar

Não controlamos o mundo ou uma pandemia global. Infelizmente, não podemos sentar no banco do motorista nesse aspecto, mas precisamos fazer o que podemos para gerenciar a nós mesmos e nos habituar com a ideia de que não temos o controle. Alinhar pensamentos mais realistas, manejar emoções dolorosas e agir de maneira significativa para elaborar o que vivemos e seguir enfrentando a crise ou as consequências trazidas por ela. Todas as pessoas possuem forças e habilidades para lidar com os desafios da vida, o que chamamos de resiliência; é a capacidade de se recuperar de situações de crise e aprender com elas. Isso envolve ter esperanças para enfrentar grandes desafios.

Refere-se à capacidade de se levantar depois da queda.

Temos o poder de prosseguir apesar de tudo. Tomar atitudes que nos aproximam dos objetivos, agir de acordo com nossos valores, desejos e ações próprias, flexíveis e persistentes, ajudarão a nos sentirmos melhores, a melhorar a autoeficácia e, dessa forma, retomarmos o equilíbrio.

Saiba que momentos difíceis realmente fazem parte da vida de todos os seres humanos, é uma parte da vida que nem sempre pode ser evitada e transformam-se, mais do que qualquer coisa, em grandes oportunidades de aprendizado sobre nós mesmos.

Referências

BECK, S. Judith. *Terapia cognitiva: teoria e prática*. Porto Alegre: Artes Médicas, 1997.

Conselho Federal de Psicologia. (2011). *Psicologia de emergências e desastres na América Latina: promoção de direitos e construção de estratégias de atuação*. Brasília: CFP. Disponível em: <http://site.cfp.org.br/wp-content/uploads/2011/06/emergencias_e_desastres_final.pdf>. Acesso em: 14 jul. de 2021.

LEAHY. Robert. *Como lidar com as preocupações: sete passos para impedir que elas paralisem você*. Porto Alegre: Artmed, 2007.

LINEHAN, Marsha M. *Treinamento de habilidades em DBT: manual de terapia comportamental dialética para o paciente*. Porto Alegre: Artmed, 2018.

ROEMER, Lizabeth, Susan M. *A prática da terapia cognitivo-comportamental baseada em mindfulness e aceitação*. Porto Alegre: Artmed, 2010.

SEGAL e BAEKS. *The Guest House* (2002).

SIGMUND, Freud. 1856-1939. *Introdução ao narcisismo: ensaios de metapsicologia e outros textos* (1914- 1916) / Sigmund Freud; tradução e notas Paulo Cesar de Souza. São Paulo: Companhia das Letras, 2010.

WEIR, Kirsten. *Grief and Covid-19: mourning our bygone lives*. Disponível em: <https://www.apa.org/news/apa/2020/04/grief-covid-19>. Acesso em: 06 maio de 2021.

15

PANDEMIA, AUTOCONHECIMENTO E RELACIONAMENTO INTERPESSOAL

Neste capítulo, você, leitor, encontrará o universo em si mesmo. A melhor forma de alcançar o êxito em tempos de crise e mesmo depois dela é ter o domínio de si próprio. E, por meio desse mergulho dentro de si, fazer escolhas e ter encontros com os outros. Assim, viverá experiências enriquecedoras e sensacionais.

MÁRCIA BATISTA BORGES

Márcia Batista Borges

Sou administradora de empresas, treinadora comportamental e empresária. Atuo no agronegócio desde 2005, sou gestora no varejo de material de construção e também na construção civil. Sou apaixonada por pessoas e pelas transformações que podem acontecer por meio dos treinamentos e do autoconhecimento. Busco a melhoria contínua em todas as suas nuances. Sou filha, esposa e mãe. Vejo, nas relações interpessoais, as maiores experiências que podemos ter.

Contatos
marcia@grupolrmg.com.br
Instagram: @marciabatistaborges

Se conheces o inimigo e conhece a ti mesmo, então tu não precisas amedrontar-te perante cem batalhas. Se te conheces a ti mesmo, mas não ao inimigo, então vitória e derrota tem igual peso. Se não conheces nem o inimigo nem a ti mesmo, então tu perdes qualquer batalha.
Sun Tzu

De fato, estávamos em um ritmo acelerado, valores distorcidos, felicidade irreal. Muitos queriam mais tempo, parar ou simplesmente levar a vida de uma maneira mais tranquila. Todos os compromissos não cumpridos foram atribuídos à falta de tempo, à correria do dia a dia. Afinal, com tanta coisa acontecendo, realmente ficava difícil administrar tudo. Assim, a principal consequência dessas faltas não poderia ser outra se não altos níveis de estresse.

Um coro universal foi tomando conta do globo, a sociedade do desempenho se desenhava como nunca, levando consigo, quase que de modo universal, toda a humanidade, em todo e qualquer lugar. E uma voz silenciosa e ao mesmo tempo barulhenta foi sendo soada, pensada e gritada: "Pare! Eu quero descer! Está tudo indo muito rápido." A mesma ideia invadiu a todos, o relógio acelerava cada vez mais rápido e, como num filme produzido nos melhores estúdios de Hollywood, o inimaginável aconteceu rápido e intenso: em aproximadamente três meses, o mundo parou.

O quê? Não entendi! Como assim? O mundo parou? Você disse mundo? Continentes, países, cidades, metrópoles, centros turísticos e culturais? É isso mesmo? Sim, é isso mesmo, mas, calma, eu vou explicar tudo bem devagar. Começou lá no Oriente, na China, mais precisamente na sétima maior cidade chinesa, com 11 milhões de habitantes, chamada Wuhan, em que casos de uma misteriosa e grave pneumonia foram relatados, aparentemente ligados a pessoas que estiveram em um mercado de frutos do mar dessa cidade. Foi então identificada uma mutação de um vírus da família coronavírus, no final de 2019. Mesmo depois de muitos meses, desvendar a sequência dos eventos da origem da COVID-19 continua sendo um trabalho que envolve muitas especulações e possibilidades.

As notícias de que havia uma doença mortal, capaz de levar a pessoa a óbito de modo cruel e em pouco tempo, foram se espalhando. As informações surgiam de todos os lados. Relatos e vídeos assustadores apavoravam a todos. Ao mesmo tempo, depoimentos de entendidos e desentendidos minimizavam tanto a gravidade da real situação quanto a progressão geométrica de tal micro-organismo, capaz de atravessar fronteiras com uma velocidade espantosa, fazendo o mundo atônito, assistir às cenas de indivíduos doentes, com falta de ar, morrendo nos corredores de hospitais e até mesmo nas ruas. Pode-se dizer que muitas dessas cenas foram as mais aterradoras já vistas.

Fronteiras, aeroportos, comércios, escolas, praças e parques fechados. Somente os serviços considerados essenciais continuaram a operar ainda que de maneira restrita, atendendo a uma população assustada, incrédula e praticamente desinformada. O álcool em gel nunca foi tão usado, o isolamento social se tornou árdua rotina e as máscaras passaram a fazer parte do próprio corpo da maioria das pessoas. O contato já não era mais seguro e permitido, as palavras de ordem eram: "fique em casa". As sombras do sofrimento e da morte foram avançando sorrateiramente até atingirem grandes proporções. Aquele que descumprisse as normas estabelecidas pelos órgãos de saúde era julgado por todos e responsabilizado pela proliferação do vírus, da morte.

De repente, surge um ano sem comemorações. Sem páscoa, dia das mães, dia dos pais, concertos, shows, sequer aniversários. As viagens deixaram de ser feitas. Sim, uma transformação. É proibido sair de casa, permitido somente em casos extremos. Barreiras físicas foram feitas em vários lugares, como praças e outras áreas de convívio social. Uma nova maneira de viver foi se desenhando com o passar das semanas, que viraram meses. Novos negócios foram surgindo fortes e se consolidando ao longo da pandemia, ao mesmo tempo em que vários empreendedores, majoritariamente pequenos, foram sendo extintos. Satisfeitos agora? Não reclamavam do excesso de tarefas, trabalho, festas, compromissos? Sim! Agora fiquem em casa, se cuidem, relaxem. E não se esqueçam de ter uma alimentação saudável, pensamentos positivos e medidas protetivas para você e sua família.

Como mudar um modo de vida que estava chegando ao nível máximo do consumo desenfreado, da exploração incessante dos recursos naturais, da falta de amor em todos os seus níveis, para um tranquilo e obediente estilo de vida, seguro e paciente? Em todos os pensamentos mais profundos e precisos, a humanidade jamais viu algo tão devastador e rápido. O medo da doença, da morte, da perda do ente querido foi dominando. Então, surgem as perguntas: qual é a verdadeira essência de tudo isso? Qual o aprendizado? Comportei-me como deveria? Convivo com as pessoas que realmente importam? Sonhei e corri atrás dos meus sonhos? Fui covarde ou fui um herói?

E, aos poucos, várias ondas foram sendo vistas no oceano de incertezas, em que valores importantes foram sendo resgatados. A solidariedade veio como uma nova perspectiva, mais verdadeira. Os grandes foram engolidos pela agilidade e simplicidade dos pequenos, o mundo realmente mudou. Não existe mais aquela previsibilidade que todos conheciam. Ação rápida, leitura de cenários e decisões imediatas. Realmente, não é o mundo que todos conheciam. É campo minado. E nós estamos "descalços" e sem mapas. O que vamos fazer a partir de agora?

Vamos simplesmente imaginar. Imaginar que já se passaram muitos meses e que, de certa forma, a vida está voltando ao normal (usarei essa palavra por questão de entendimento, mesmo porque, o que é e para quem existe o normal?). Para esse retorno, quero me fixar em dois pontos específicos: o autoconhecimento e as relações interpessoais.

Na atualidade, o autoconhecimento é a habilidade mais importante em qualquer aspecto da vida do ser humano. Quanto mais sabemos sobre nós mesmos, sobre o que gostamos e sobre o que não gostamos, as chances de sermos bem-sucedidos aumentam consideravelmente. Então, a chave é investirmos em saber quem somos.

Convido-o agora a fazer um exercício bem simples: pense sobre você e suas preferências. Qual é a sua música, sua comida, sua cidade favorita? Onde você se sente bem em estar? Quais são os assuntos que te agradam conversar e com quais pessoas? O que te dá prazer em realizar? Seja o que for, simplesmente imagine e, se possível, coloque em um papel tudo aquilo que te agrada. Liste as 100 mais da sua preferência. Não precisa se esforçar. Eu te garanto que, ao final desse exercício, se surpreenderá ao se deparar com tudo que ama e te faz feliz, como tomar sol pela manhã, assistir a um filme antigo ou, até mesmo, ficar em silêncio.

E da mesma forma, agora o convido a pensar ou, se possível, escrever tudo aquilo que você não gosta, o que muitas das vezes te faz sofrer. Relacione tudo que te incomoda de certa forma e que talvez possa se livrar. Pode parecer até bom para outra pessoa, mas, para você, no seu íntimo, chega a ser uma afronta. Não tenha medo de se expor, se deixe revelar, te garanto, mais uma vez, esse exercício vai ser revelador e libertador.

Pronto. Agora você já começou a se conhecer. Esse é o primeiro passo para toda e qualquer escolha em qualquer área da sua vida. É claro que você agora terá um parâmetro para fazer que escolhas sejam mais assertivas em sua vida. Observe que, se você ama viajar, pode escolher uma profissão em que provavelmente fará muitas viagens. E assim por diante. No trabalho, fazendo amigos, no lazer, nas compras e em tudo, usando a mesma regra básica para o que não gosta. Assim, as suas escolhas serão as melhores opções para te fazerem mais feliz e realizado. Não é o caso de fixar regras e somente conviver com quem é igual a você. O inesperado também pode trazer surpresas encantadoras. O que está sendo colocado aqui é que as suas escolhas devem ter um parâmetro dentro do que você gosta, do que te inspira e te faz bem.

A regra básica e primordial é se observar, se escutar. Voltar-se para dentro de si em busca de quem você é. O ambiente em que estamos inseridos está diretamente relacionado com nossos resultados e escolhas, portanto também deve ser avaliado. Somos a soma de tudo que vivemos e, mesmo que em determinados momentos da nossa existência fatos de alto impacto aconteçam, existe uma forma linear de vivermos. A humanidade, ao longo da história, se revela pelas guerras, pelas descobertas, pela evolução tecnológica como também pelas doenças. E nesse período de grandes impactos, estamos fazendo parte da história que será contada em breve. Esse momento é uma oportunidade rara de grandes mudanças e transformações, que recairão sobre gerações futuras em praticamente todos os setores.

O ser humano como espécie coletiva está sempre desenvolvendo melhorias em diversos campos, desde o agronegócio à arte. Embora haja tantos avanços, as relações humanas permanecem com poucas alterações, os conflitos entre amores, família e trabalho continuam. As grandes emoções se dão entre seres humanos em todas as fases: nascimentos, casamentos, mortes, aniversários, discussões, rompimentos e dissoluções de sociedades. Vivemos o melhor e o pior de cada um e, para obtermos sucesso em qualquer uma dessas situações, devemos ter autocontrole sobre as emoções, bem como saber lidar com as suas consequências. Resultados positivos ou negativos só dependem de cada um. Dessa forma, a prática da autoanálise, a percepção de si e de cada atitude ou escolha, eleva o *status* e favorece a maturidade. A coragem de olhar-se no espelho, reconhecer-se como senhor de cada escolha e assumir as consequências de cada uma delas é o ápice do autoconhecimento.

Passar por crises de qualquer natureza lapida o ser humano, pois permite a reflexão sobre si mesmo. Sempre haverá os que perdem, mas também haverá os que ganham. Agora, responda para si mesmo: de que lado você vai querer estar? Deixo aqui uma pausa para a reflexão. Permita-se passar pelos desafios, desenvolva habilidades necessárias para que consiga extrair, de toda e qualquer experiência de vida, resultados que tragam melhorias importantes.

As relações interpessoais, por vezes, são responsáveis por gerarem atritos e traumas, então, nada mais natural que tentarmos tratar esses assuntos de forma mais direta. A cultura de se "vitimizar" diante de situações conflitantes impede a resolução rápida e, principalmente, não promove o amadurecimento. Desse modo, muitos problemas de relacionamento entre os indivíduos são repetidos inúmeras vezes, justamente por não serem tratados e resolvidos como deveriam.

A melhor forma de se relacionar com o outro é, antes de tudo, conhecer-se. A importância do autoconhecimento pode ser entendida como "o caminho para a verdade". A verdade de si mesmo, de seus valores, de suas convicções. Sendo que, quanto mais sei de mim mesmo, melhor posso ser para o outro. Esse exercício contínuo gera o aperfeiçoamento da raça humana, traz virtudes, depura a linhagem. O fato é que o melhor para cada um é ser livre. Livre dentro de si mesmo. A melhor visão que posso descrever para um tempo como esse é: eu me sustento. Eu me entendo. Eu me completo. Eu me transformo. Eu me apuro. Eu me relaciono sendo o melhor de mim. Eu me elevo diante dos desafios. Eu posso ser ao mesmo tempo forte e vigoroso, mas também delicado e sereno. Eu tenho capacidade de reagir aos estímulos e, mesmo que eles possam me ferir, eu sei o que fazer. E sei o que fazer porque me conheço, me aceito e me transformo sempre que necessário.

Referências

BRASIL. Ministério da Saúde. Disponível em: <https://www.gov.br/saude/pt-br>. Acesso em: 14 jul. de 2021.

TZU, Sun. *A arte da guerra*. Tradução de Antônio Celiomar Pinto de Lima. 4. ed. Petrópolis, RJ: Vozes, 2014.

16

APRENDENDO COM OS DESAFIOS

Um novo olhar que promove o despertar de atitudes e posicionamentos mais leves frente a uma tendência mundial que ganha cada vez mais espaço, estabelecendo vantagens competitivas e inovadoras.

MARCIA TEJO

Marcia Tejo

Graduada em Administração de Empresas, Gestão de Recursos Humanos e Gestão de Pessoas pelas Universidades São Judas Tadeu e Anhembi Morumbi. Sólida experiência no mercado de prestação de serviços, constituída por meio da vivência de quase 37 anos de carreira em grandes empresas. Sua atuação se destaca com relevância no desenvolvimento de talentos humanos e melhorias organizacionais. Especial destaque em processos de *coach* com ênfase em motivação/autoestima, carreira e relacionamentos. Como *Member Apprentice Worldwide*, tem como objetivo ajudar e apoiar jovens talentos em fase de ascensão profissional em nível mundial. Fundadora e vice-presidente da Way Back - Gestão de Negócios e Relacionamentos, empresa com 30 anos de atuação no segmento de crédito e cobrança nacional e internacional dentro do conceito de BPO (*Business Process Outsourcing*). Sua missão é ajudar pessoas a desenvolver habilidades até então desconhecidas por elas e expandir crescimento pessoal e profissional por meio de um olhar mais leve e positivo.

Contatos
www.wayback.com.br
marcia@wayback.com.br
LinkedIn: Linkedin.com/in/márcia-tejo-viana-61141329

Diante de um turbilhão de emoções desencadeadas de uma hora para outra, incertezas e inseguranças, a ameaça dessa pandemia continua alimentando coisas boas, mas também negativas na humanidade.

Esse acontecimento nos deixa importantes lições.

Procurarei relatar aqui um pouco da minha experiência diante da Crise Covid, ou seja, a de nos prepararmos melhor e cada vez mais para o futuro, afinal essa foi mais uma pandemia dentre tantas que o mundo já vivenciou anteriormente.

A pandemia da Covid-19 nos alerta ainda mais para os cuidados que devemos ter com o meio ambiente, a preservação do ecossistema, entre inúmeras outras coisas, inclusive no que diz respeito aos cuidados com nossa saúde física e mental.

Percebo que algumas pessoas estão desacreditadas, desanimadas, com baixa autoestima, síndrome do pânico, depressão e não é para menos.

Importante não julgarmos, muito pelo contrário, nunca se fez tão necessário praticarmos a tão falada "empatia" para minimizarmos o impacto da crise no nosso dia a dia e nos nossos negócios.

Nas horas de incertezas, as pessoas buscam sempre uma razão, um culpado ou alguma forma de minimizar o sentimento de frustração e a sensação de que as coisas não estão funcionando como deveriam.

Em uma empresa, isso não é diferente.

Ainda que em tempos difíceis, manter o pensamento positivo é importante, assim como parar de focar na crise. Como digo aos meus colaboradores: "**Em tempos de Crise, tire o 'S' e Crie!**".

Assim, evitamos propagá-la ainda que esteja batendo a nossa porta. Evitar ficarmos falando sobre os impactos da pandemia é importante, uma vez que a mídia já os enfatiza através de um turbilhão de notícias diárias e muitas vezes distorcidas que chega ao conhecimento de todos e acaba potencializando a situação atual.

Na minha opinião, crises são potencializadas por falta de confiança da nossa parte (empresa e consumidor), precisamos colocar mais leveza nas coisas e no nosso dia a dia, pois "**tudo passa**".

Todo ser humano tem um potencial gigante que, muitos, por insegurança ou crenças limitantes, na maioria das vezes, desconhecem totalmente. As pessoas precisam ser mais estimuladas a pensar e ouvir coisas positivas.

Acredito que se as pessoas fossem estimuladas a compartilhar otimismo com responsabilidade e realidade nos apoiaríamos mais rapidamente e driblaríamos as adversidades. O apoio entre as pessoas é fundamental para vencer tempos difíceis.

Essa crise sanitária que afetou nosso planeta trouxe, sim, alguns impactos negativos para a saúde pública e também para a economia mundial, mas de tudo o que passamos, acredito que é uma grande oportunidade para que tudo em nossa vida possa ser revisto.

Crises, sempre vamos ter de uma maneira ou de outra, mas os cuidados com a nossa saúde são fundamentais, pois estando bem o ser humano se reinventa.

Quanto ao mundo corporativo... Quantas lições, meu Deus!

Estratégias das mais diversas mudaram e continuam mudando o cenário das empresas e dos diversos segmentos cada vez mais.

Apesar de mais essa "crise", se é possível chamarmos assim a pandemia, existem grandes oportunidades de ajustarmos processos e buscarmos melhorias para as empresas como um todo e, eu diria, em todos os segmentos sem distinção.

Então, muitos empresários se deparam com o famoso *home office*, já praticado em outros países e aqui mesmo por algumas empresas, até então, mas a maioria teve de se reinventar rapidamente, para que a sua produtividade não ficasse ainda mais comprometida.

Com isso, algumas empresas se dão conta de quanto é importante investir e estar alicerçado em uma boa estrutura de tecnologia da informação, de modo a obter os recursos necessários para a continuidade das atividades no trabalho remoto. Dessa forma, enquanto algumas empresas correm contra o tempo, outras acabam fechando as portas por não estarem adequadamente preparadas.

Não obstante a demanda das organizações, é necessário levar em consideração os riscos e as incertezas que o macro ambiente pode ocasionar; por exemplo, em relação aos fatores mercadológicos dos consumidores (estes estão cada vez mais atentos recebendo provocações constantes de reflexão para pensarem duas vezes antes de gastar dinheiro –"Educação financeira") e também aos fatores econômicos que impactam na cadeia e no giro da economia como um todo.

Por outro lado, os compradores estão com um olhar cada vez mais crítico, exigindo que as empresas reconheçam os impactos prejudiciais do hiperconsumismo. Além disso, é fundamental que os produtos e serviços ofertados pelas empresas estejam alinhados com valores e propósitos propagados pelas mesmas.

Aliado a esses fatores, deve-se considerar que, em épocas totalmente atípicas como essa, o planejamento de ações necessárias e estratégicas a serem tomadas para o melhor funcionamento das operações do negócio é primordial, pois as projeções de vendas, compras, entre outras tantas mudam completamente o cenário das empresas. Mesmo porque, em situações normais, a produção deve estar alinhada com o orçamento da empresa. Em situações totalmente adversas, isso torna-se fundamental.

Importantíssimo também cuidar do relacionamento com os fornecedores e clientes parceiros a fim de, juntos, acharem as melhores alternativas para ambas as partes.

A pandemia, na minha opinião, gerou uma transformação benéfica nas práticas do dia a dia em nosso trabalho.

Mais do que nunca, os líderes assumem um papel forte e intenso de estar ainda mais presentes para seu time com uma comunicação ativa e transparente, tranquilizando a equipe em momentos de dificuldades e estimulando, com confiança, a juntos superarem mais esses desafios que se impuseram a todos.

Particularmente, tive algumas experiências no âmbito profissional que relatarei a seguir.

No primeiro momento, desaceleramos a execução e criamos um plano de contingência. Em questão de dias, todos começamos a nos adaptar ao novo cenário com maior qualidade de vida e melhores resultados.

- Disseminamos conhecimento e boas práticas de higiene e saúde na empresa, colaborando com a reeducação da nossa população interna.
- Analisamos o potencial de sobrevivência da empresa no curto, médio e longo prazos e lançamos um projeto batizado carinhosamente de "ATITUDE".

Nosso projeto "ATITUDE" vem reforçar que o foco é nas pessoas, "no nosso time" e com escolhas rápidas, de encorajamento e muito conscientes para se obter bons resultados.

Nosso propósito simples e objetivo está voltado em reforçar o planejamento com responsabilidade, agir com leveza, blindar e proteger informações, estratégias e processos, recuperando alguns, reformulando e intensificando outros.

Todos nós fomos surpreendidos com a crise e foi preciso deixar isso claro para a equipe, dividindo as dores, mostrando vulnerabilidade e, depois, apresentando o plano para ter liquidez.

- Reduzimos alguns custos e descobrimos que muitos eram inclusive desnecessários.
- Renegociamos, com clareza e transparência, maior flexibilidade com nossos contratantes visando à ajuda mútua.
- Fortalecemos nossas parcerias e buscamos novas, renegociando contratos, preços e condições de pagamento.
- Reavaliamos o fechamento de novos contratos e como poderíamos colaborar ainda mais com novos contratantes.
- Adotamos novos procedimentos de controle e atendimento, visando dar um suporte ainda maior aos nossos parceiros.
- Realocamos colaboradores, de forma a absorver as novas demandas.
- Incentivamos, estimulamos e valorizamos o trabalho remoto, bem como acreditamos na qualidade de vida que esse modelo vem proporcionando ao nosso time.
- Capacitamos o nosso time, adequando-o à nova realidade; investimos em uma equipe de suporte remoto (que engloba inclusive palestras e treinamentos, proporcionando atualização e aprendizado constantes).
- Potencializamos novas ações de marketing e endomarketing.
- Reforçamos o acompanhamento por meio da monitoria para melhor apoiar nosso time em tempo real.
- Nos preparamos para explorar novos canais de comunicação.
- Exploramos novos públicos e novos mercados.

Todo esse trabalho vem rendendo bons frutos em nível nacional e internacional. Uma prova disso é que tivemos de ampliar nosso quadro de colaboradores.

Deixo como sugestão o despertar para uma liderança transformadora, na qual acredito que alguns empresários devam repensar com mais seriedade e visão mais ampla (sair radicalmente da zona de conforto) e criar, junto a seus times, provocações saudáveis, que os levem a despertar para a nova realidade.

E por que não introduzir na empresa uma equipe, talvez, carinhosamente apelidada de "Equipe do Futuro", que tenha, como premissa básica, os olhos e o intelecto voltados para o futuro, em busca de melhorias contínuas e constantes, visando a empresas à frente desses acontecimentos. Afinal, problemas críticos e polêmicos geram sempre mudanças, e são nessas horas que devemos aprender e fazer bom uso disso para nos reinventarmos e crescermos como seres humanos e profissionais.

Portanto, reúna-se com sua equipe e aproxime-se ainda mais dela. Seja claro e transparente, ouça com empatia, respeitando opiniões divergentes. Afinal, várias cabeças pensam melhor e encontram alternativas mais rapidamente. **Esse é seu time de verdade, aquele que te ajudará a vencer e driblar a crise.**

Importantíssimo também estar próximo do seu cliente, entendendo as necessidades do mesmo, e deixá-lo mais confiante e seguro, clarificando o momento e as novas necessidades de todos.

Este é o momento de reforçar a linha de frente e de seu negócio. Que bom!

Uma coisa é certa: precisamos inovar sempre.

Como disse no início deste capítulo, são nos momentos turbulentos que a liderança se destaca, mostrando suas competências e habilidades. Esperar a crise passar, aguardar o momento ideal sem mudar as atitudes e continuar com os velhos hábitos não nos fortalecerá.

E você, já tirou o "S" da crise?

Espero ter contribuído com a minha experiência e, para finalizar, deixo uma reflexão:

Se você nasceu em um mundo em que não se encaixa, é porque você nasceu para construir um mundo novo.

Juntos podemos construir um mundo melhor para todos.

17

RECOMECE...
E VIVA COM ÊXITO

Neste capítulo, mostrarei que é possível otimizar o uso do tempo e gerar mais resultados, atendendo a seus compromissos de trabalho sem negligenciar as outras áreas da vida, bastando apenas que você mude a maneira de pensar e lidar com o tempo. Para tanto, siga os 4 passos e torne-se mais produtivo no dia a dia. Dessa forma, poderá ter uma vida de êxito.

MARFA SILINGOWSCHI

Marfa Silingowschi

Especialista em Liderança e Gestão Empresarial. Graduada em Engenharia Agronômica pela Universidade Federal de Goiás. Segunda formação em Gestão Pública pelo Centro Universitário Claretiano. Paralela à formação acadêmica, tem formação em Master Coaching abrangendo as formações de: Life Coaching, Executive e Business Coaching e Team Coaching. É analista comportamental DISC pela HRTOOLS e *profiler* pela Sólides. Larga experiência em desenvolvimento de políticas públicas para agricultura, planejamento estratégico, gestão de projetos, captação de recursos, entre outros. Integra a equipe da Gerência de Programação, Capacitação e Educação da Escola de Gestão Fazendária do Tocantins. Atualmente, trabalha com o desenvolvimento de lideranças e equipes de alta *performance*.

Contatos:
marfacoach.com.br
contato@marfacoach.com.br
Instagram: @marfa.silingowschi
Facebook: @MarfaSilin
Telegram: Canal Viva com Êxito
63 99963-3656

Certo dia estava com minha filha no supermercado, era início do último trimestre do ano. Tinha sido um ano difícil, o mundo sofreu com a pandemia da COVID-19. Sistema de saúde colapsando, famílias perdendo seus entes queridos, a crise financeira se instalando, a sensação de insegurança e a incerteza eram uma constante juntamente com o medo.

Ao entrarmos em uma seção de enfeites para o natal, ela, demonstrando certo espanto, disse:

– Caraca, já está perto do Natal! Esse ano foi perdido.

Fiquei me perguntando quantos pensavam da mesma forma. O que essas pessoas que pensavam como a minha filha deveriam fazer para que o futuro não fosse perdido?

Sem sombra de dúvida e sem medo de cair na mesmice, posso afirmar que o tempo perdido não volta jamais. Exatamente por isso não se pode conduzir a vida como se não houvesse amanhã, não gerenciando suas ações e, assim, comprometendo o uso do tempo.

Vive-se assoberbado de afazeres, a cada dia as responsabilidades aumentam e novos compromissos são assumidos enquanto os sonhos, as pessoas a quem amamos e os cuidados consigo mesmo são deixados para quando tiver tempo.

Obviamente que esse futuro será perdido para os que ficaram em compasso de espera. O primeiro a ruir são os relacionamentos que não sobrevivem sem atenção devida. Logo depois, a saúde começa a dar sinais de que foi esquecida. Em seguida, vem a grande culpa por ter deixado tanta coisa importante de lado.

Decerto, as lembranças mais vívidas, pós-COVID, serão as mais dolorosas. Todavia, a pandemia fez muitos repensarem o que faziam com suas vidas, onde estavam dedicando o seu tão precioso tempo.

Uma pergunta, mesmo que de forma inconsciente, povoou a mente daqueles que se permitiram refletir: realmente vale a pena a forma como tenho usado o meu tempo?

Neste texto vou te mostrar que é possível atender seus compromissos de trabalho sem negligenciar as outras áreas da vida, bastando apenas que você mude a maneira de pensar e lidar com o tempo. Para tanto, siga os 4 passos e torne-se mais produtivo no dia a dia. Dessa forma, o seu futuro não será mais um ano perdido.

Mas antes, venha comigo pensar sobre o tempo: você tem essa sensação que o tempo que passou foi perdido? Que não fez tudo o que desejava? Que apesar de estar sempre ocupado não alcançou seus objetivos?

É bem provável que você viva pressionado pelo tempo e precise mudar a sua forma de gerenciá-lo.

Brian Tracy (2017), uma das maiores autoridades mundiais da gestão do tempo, diz que: "Pessoas felizes, bem-sucedidas e prósperas usam o tempo com muito mais eficácia do que as outras". Portanto, para ter uma vida de êxito, é necessário mudar o modo como você gerencia o tempo.

Esse novo olhar para as prioridades da vida faz surgir uma grande vontade de construir um futuro repleto de realizações, não apenas nos votos de mensagens natalinas, mas um genuíno desejo de recomeçar.

Mudar e recomeçar

Mudanças e recomeços são revestidos das mesmas emoções: medo e esperança.

Recomeçar representa dois opostos coexistindo na mesma palavra: "re" de *retro*, fazer novamente; e "começar", representando o início, o novo. Contém também duas emoções opostas: medo e esperança.

Mudar também gera medo ao mesmo tempo que provoca esperança.

Medo de dar errado, de não funcionar, de ser avaliado, de ser julgado, de perder tudo. Já a esperança é ter fé que vai dar certo, é acreditar no que está por vir, crendo que o futuro será melhor do que o presente.

A esperança enche o peito de uma autêntica vontade de fazer acontecer, gera motivação para mudar o que for necessário com o intuito de alcançar um objetivo maior.

Não há recomeço sem mudanças, sem acreditar em um futuro melhor. É vital acreditar, com a fé descrita em Hebreus 11:1, onde se lê que "a fé é a certeza de coisas que se esperam, é a convicção de fatos que não se veem". Ou seja, é ter certeza de que seus projetos acontecerão, que o futuro esperado é melhor do que o hoje, é visualizar o porvir crendo que é possível.

Se a vontade de ter um futuro diferente for verídica, o caminho certo é promovendo mudanças, só assim resultados diferentes dos atuais acontecerão.

Tracy (2017) também afirma que "você só conseguirá assumir o controle do seu tempo e da sua vida se mudar a maneira de pensar, trabalhar e lidar com o fluxo infindável de responsabilidades que surgem diariamente".

Você pode lançar mão de algumas estratégias para ter o domínio do uso do tempo, como:

- Observar como usa o tempo e a partir daí identificar onde é possível poupá-lo.
- Eliminar tudo que faz e não gera nenhum resultado, lembrando que lazer, ócio e sono são benéficos para a produtividade.
- Ter objetivos claros e focar o seu tempo em ações que levam ao alcance deles.
- Planejar o uso do tempo semanalmente ou diariamente, utilizando as ferramentas adequadas ao seu modo de agir.
- Manter uma rotina produtiva a partir desse novo olhar.

Assim sendo, "a única forma de você se libertar da prisão do tempo e de conseguir dominá-lo", como afirma David Stauffer (2007), pesquisador de Harvard, "é promover uma mudança fundamental na maneira como você o encara".

Por onde começar o processo de mudança, então?

Passos para ser mais produtivo

Antes que eu descreva os 4 passos para mudar a forma como gerencia o tempo, imagine chegar ao fim do dia de trabalho, checar a lista de tarefas e ver que não tem pendências, apagar as luzes, fechar a porta, olhar o relógio e ver que ainda dá tempo para ir ao parque com a família, para uma caminhada.

Como seria a sua vida se essa cena acontecesse com você?

Infelizmente, para a maioria dos mortais, essa premissa não é verdadeira. O tempo é finito e não há horas suficientes para se fazer o que precisa.

Ter liberdade de tempo não pode ser só um desejo, deve ser uma conquista.

Veja a seguir 4 passos para desencadear o processo de mudança e tornar-se mais produtivo.

Passo 1: aprenda com o que passou

Todo processo de mudança requer avaliar os aprendizados advindos das experiências vividas. Pessoas sábias aprendem com os erros dos outros, enquanto os inteligentes aprendem com seus próprios erros.

Faça como meu pai me ensinou: dê um passo atrás apenas para pegar impulso, ou seja, não é esquecer o que passou por mais que tenha sido ruim, é tirar o melhor proveito da situação, assimilar algo bom e, dessa forma, ser impulsionado com mais motivação.

Não fique preso ao passado, honre a sua história, busque aprender com as suas experiências e mude a forma como você ocupa o seu tempo.

Para pegar impulso, reflita sobre o que aconteceu quando você passou por um momento difícil. Pegue um papel e caneta e responda às questões:

- O que você fez que deu muito certo e ajudou a passar pela crise?
- O que você fez que não foi bom e não vale a pena repetir?
- Tem algo que se fizer de modo diferente, poderá gerar resultados melhores?
- Como administrou o seu tempo nesse momento?
- Foi eficiente essa forma que usou o tempo?
- É possível mudar a forma como dirige os seus afazeres diários?

Se respondeu *não* e *sim* para as duas últimas perguntas, deve seguir para os próximos passos, mas não antes de fazer uma lista de todos os seus aprendizados até aqui.

Passo 2: preveja o futuro que deseja

Lembra-se de Hebreus? "A fé é a convicção de fatos que não se veem".

Prever o futuro consiste em visualizar o que deseja, definir seus objetivos e planejar a jornada até eles.

Para explicar melhor a importância de antever o futuro que deseja, Tracy (2017), afirma que: "a imagem mental que você cria de si exerce um efeito poderoso sobre o seu comportamento. Enxergue em si mesmo a pessoa que pretende ser. Sua autoimagem, a maneira como você se vê, determina em grande parte seu desempenho. Todas as melhorias em sua vida exterior começam com melhorias no interior, na imagem que cria de si."

Dessa forma, crie a imagem na sua mente da maneira que quer ser. Vou te auxiliar nesse momento reflexivo, responda às ponderações a seguir:

- Qual é o futuro que deseja? O que tem nele? Quem estará com você?
- O que você vê? Sente algum aroma?
- O que estão falando para você ou de você?
- Qual a sensação ao ver, ouvir e sentir o seu futuro se materializando na sua mente?

Logo após refletir sobre o seu futuro, defina seus objetivos para todas as áreas da vida. Para cada objetivo, estabeleça marcos intermediários e quais os passos são necessários para atingir cada marco.

Não se esqueça de definir a data de conclusão de cada ação e comece a agir para que o futuro aconteça. O próximo passo é trabalhar a sua compreensão do uso do tempo.

Passo 3: desperte a consciência produtiva

A consciência produtiva consiste em compreender a maneira que gerencia as atividades do dia a dia e quanto esse modo de agir impacta no seu resultado final.

O despertar desse estado de discernimento inicia quando enxergamos claramente os porquês de cada ação. Compreender que tudo o que você faz tem um propósito maior favorece a escolha de atividades que gerem resultados positivos no alcance de seus objetivos.

Três iniciativas devem ser tomadas para aguçar o estado de plena consciência produtiva:

- A primeira delas é viver o presente 100% focado no alcance dos objetivos, não se perdendo em achismo de como poderia ter sido, muito menos preocupando-se com como será. Viver o presente reduz a ansiedade, aumenta a concentração e a produtividade.
- A segunda é ter clareza dos seus objetivos como pessoa, não apenas como profissional. É comum as pessoas terem objetivos profissionais muito bem definidos, enquanto a vida pessoal é levada sem muitas definições. Acontece mais ou menos assim: na vida profissional tem-se objetivos que devem ser alcançados, enquanto na vida pessoal tem-se sonhos que algum dia serão realizados. Ter clareza dos objetivos favorece a definição do que realmente é importante e, consequentemente, a priorização de ações.
- A terceira iniciativa consiste em dar preferência para ações que conduzem a realização dos objetivos, sabendo que cada tarefa exercida te conduz ao seu propósito maior e crendo que a razão de cada ação é galgar os degraus rumo à conquista do êxito.

Priorizar ações é a base de todos os métodos de produtividade. Afinal, o tempo é limitado e não comporta absolutamente tudo o que você deseja.

Encha-se de esperança e entre em ação agora, o seu futuro te espera.

Passo 4: crie o futuro que deseja, agora.

É o momento de agir, com o despertar da consciência produtiva é chegada a hora de criar o futuro que você deseja.

Para que isso ocorra, é crucial saber como se tornar mais produtivo. Afinal, isso não acontece da noite para o dia, é um processo que envolve o desenvolvimento de habilidades, como disciplina, ter foco em resultados, não procrastinar etc.

Também exige a mudança de hábitos e de comportamentos que atrapalham o bom uso do tempo. De nada adianta ter boa vontade, fazer um planejamento completo e rico em detalhes se na hora de executar você trava e não sai do lugar.

Os pensamentos sabotadores como: não consigo seguir uma lista de tarefas, não sei dizer *não*, tenho sempre que atender quem me liga, não gosto de rotina, entre tantos outros, te impedem de entrar em ação. Se você permitir que esses pensamentos te dominem, fatalmente não alcançará seus objetivos. Fique atento a eles e controle-os a cada vez que se manifestarem, com o passar do tempo os resultados começarão a aparecer e você terá um forte sentimento de dever cumprido.

Ao controlar os pensamentos sabotadores e entrar em ação, você começará a desenvolver hábitos produtivos, como ter um planejamento de atividades, ponderar antes de dizer *sim*, deixar de perder tempo com atividades que não geram resultados e assim por diante.

Além disso, desenvolva hábitos para cuidar de si e dos seus. A saúde e uma boa qualidade de vida são condições indispensáveis para ser mais produtivo. Não negligencie nenhuma das áreas da vida sob pena de continuar achando que o tempo passado foi perdido.

A liberdade de tempo virá quando começar a pensar e agir de modo a privilegiar as ações que levem ao encontro dos seus objetivos, resultando em uma vida plena e feliz.

Ao implementar os 4 passos, gerenciará melhor o tempo, poupando-o onde era desperdiçado. Com os novos hábitos, elevará a eficácia no uso do tempo, as tarefas serão feitas em tempo hábil, o foco estará no que é importante, consequentemente, os resultados virão e não terá mais a sensação de tempo perdido.

Viver é uma ciranda contínua, cheia de ondas para baixo e para cima. Cabe a você saber o que fazer em cada ir e vir das ondas. Às vezes as ondas são muito grandes e é preciso saber a melhor forma de passar por elas.

A melhor maneira está no manual da vida: "Consagra ao Senhor todas as tuas obras e os teus planos serão bem-sucedidos" (Pv. 16:3. KJA).

Referências

BÍBLIA, N. T. Hebreus. In *Bíblia Sagrada*. Português. Tradução João Ferreira de Almeira, Revista e Atualizada no Brasil. 2 ed. Barueri, SP: Sociedade Bíblica do Brasil, 2008.

BÍBLIA, A. T. Provérbios. In *Bíblia Sagrada*. Português. Bíblia King James Atualizada. Tradução Sociedade Bíblica Ibero-Americana e Abba Press do Brasil, 2012.

STAUFFER, David. Entendendo e evitando os grilhões do tempo. Em: *Assumindo o controle do seu tempo*. Série Harvard Business School. 2. ed. Rio de Janeiro: Elsevier, 2007.

TRACY, Brian. *Comece pelo mais difícil!* 21 ótimas maneiras de superar a preguiça e se tornar altamente eficiente e produtivo. Rio de Janeiro: Sextante, 2017.

18

A LUTA INCESSANTE RUMO AO SUCESSO

Em tempos de pandemia, as reflexões parecem inadequadas. Há muitas pessoas com dificuldades para se recolocar no mercado de trabalho, devido à morte de seus entes queridos, ou por terem, elas mesmas, contraído a doença. Apesar desta situação, temos a obrigação de refletir sobre tudo isso, considerando um cenário que vai além da superfície. Têm sido frequentes os debates virtuais, em diferentes partes do mundo, sobre o tema, chamando a atenção para os efeitos da COVID-19 sobre as populações mais vulneráveis, tais como: mulheres, mães solo, afrodescendentes, indígenas, moradores das periferias e favelas, pessoas com deficiência e pessoas em situação de rua. Nas empresas, é bem possível que a transformação digital tenha chegado para ficar entre todos nós, no intuito de abrir as mentes e oferecer soluções diferenciadas que nos permitem uma comunicação perfeita, por meio de plataformas perfeitas. Sem dados precisos eu não teria condições de afirmar, com a certeza que a ciência exige, quem seriam as pessoas mais afetadas pela COVID-19.

MARISA FERNANDES

Marisa Fernandes

Graduada em Letras com pós-graduação em RH e MBA Executivo. Formada em *coaching*, experiência de aproximadamente 32 anos, sendo 25 deles como executiva da área de Recursos Humanos. Trabalhou em empresas de diversos segmentos, tais como Schenker, DHL, CEVA, GW, Grupo TPV, Dia% e Gluck Consulting. Atualmente, é diretora de RH da Manserv, conselheira da Prime Leads, mentora de alguns executivos, "advisor" e membro do Comitê de Gente & Gestão da ABPRH. Coautora dos livros: *Como Reter Equipes de Alto Desempenho*, *Damas de Ouro*, *Treinamentos Comportamentais*, *Revolução* e *Gente & Gestão*.

Todos já devem ter notado que a crise causada pela pandemia está provocando profundas reestruturações econômica, social e organizacional. As empresas estão preocupadas com sua situação hoje, devido a todas as intempéries causadas em 2020. É o instinto de sobrevivência que fala mais alto. Isso se aplica para todas as espécies vivas e, claro, para as empresas.

E ainda as empresas que vencerão no pós-crise serão as que, mesmo nas incertezas, pensam no mundo que virá depois. "Como será esse novo mundo e que perspectiva terei para um futuro pós-pandemia?"

No que tange ao ambiente de negócios, como nos posicionaremos? Devemos imaginar que a COVID-19 vai provocar a era antes e depois da pandemia. O *new business as usual* pós-pandemia será bem diferente do mundo de antes.

A chegada inesperada da pandemia e, como consequência, a paralisação da economia foi algo que nunca havíamos presenciado na história. Houve pandemias anteriormente, porém, nunca com um impacto tão forte na economia global nessa escala. Nossa realidade agora é a de que paralisamos a economia de forma imediata, e a retomada torna-se difícil.

Apesar de ser complicado, o que nos resta é retomar, porém esta retomada econômica é uma incerteza. Nunca desligamos o planeta como fizemos dessa vez. E como cada país tem sua realidade, sabemos que alguns setores poderão ser reativados mais rapidamente que outros, dependendo da demanda reprimida e, portanto, o máximo que poderão chegar em determinado tempo é atingir a sua antiga capacidade de produção.

Creio que esta foi a 1ª grande lição que servirá de base para o mundo pós-crise: as empresas terão de ser mais digitais.

Com relação ao mundo empresarial, o cenário permanece incerto e, como consequência, investir pode gerar dúvidas. Acredito que é mais fácil reformular seu modelo de negócio e pensar em novas alternativas para driblar a crise do que desistir do seu sonho. É aí que a gestão de crise entra.

Os empresários não deveriam desanimar de suas empresas e tudo o que conquistaram com ela até então, todo o seu esforço, seu propósito e seus clientes. A questão de investimentos não pode ser deixada para trás – o que sai muito mais "caro" do que fazer uma pausa, respirar fundo, conversar com outros profissionais que também estão passando pela mesma situação e repensar a forma que você produz e vende seus produtos ou serviços.

Neste momento e em outros momentos de crise, uma das saídas que ajuda bastante é ter um comitê de crise, que poderá ajudar no entendimento do cenário econômico, a separar informações verdadeiras das falsas e identificar quais realmente afetam as atividades da sua empresa. O objetivo mais importante desse comitê é o de traçar cenários possíveis para superar as mais variadas situações e elaborar um plano para lidar com elas. Reuniões periódicas podem ajudar o empresário na tomada de decisões e, também, evidenciar pontos do que deve ser feito.

Além do comitê, em um momento de crise, existem outros fatores que também precisamos considerar, conforme listado a seguir:

- Avaliar e perceber qual problema que mais afeta o negócio.
- Montar planos de ação.
- Manter uma comunicação clara e transparente com os colaboradores, fornecedores e clientes.
- Seguir com uma rotina de trabalho, independente da definição do sistema que a empresa adotará.
- Estar próximo dos colaboradores, principalmente dos mais afetados.
- Cuidar da saúde financeira, controlando de perto o fluxo de caixa.
- Avaliar as diversas possibilidades.
- Preparar o time para quando a crise passar

Como a economia é um todo interligado e os países estão interconectados, por mais que alguns setores se reaqueçam rápido, o efeito global continua sendo crítico, pois a maioria dos setores e países vai se recuperar mais lentamente. A atividade econômica vai demorar algum tempo para normalizar.

Há bastante tempo já existe um foco importante em transformação dos negócios pela tecnologia digital, muito conhecida como "transformação digital". Empresas preocupadas em ser "digitais" têm um perfil mais ágil, resiliente e com uma adaptabilidade maior. Ocorre que muitas pessoas dizem que as empresas onde trabalham são de formato digital, mostrando belas apresentações contendo a diferença entre linearidade e exponencialidade e decisões em um ambiente VUCA, que significa um ambiente de volatilidade, incerteza, complexidade e ambiguidade. Porém, quando eles descem do palco, vemos que esse discurso de que existe a transformação digital não passa de uma narrativa, muito distante da realidade. Com isso, podemos confirmar que essa foi a primeira grande lição útil para o mundo pós-crise: a partir de agora as empresas terão de deixar de lado somente discursos para serem de fato digitais, teremos de ser resilientes. Empresas que querem migrar para o mundo digital, se ajustam e se adaptam a um cenário de mudanças rápidas, com velocidade adequada.

Talvez a primeira grande mudança para as empresas pós-COVID seja de entenderem que o "ser digital" não é apenas o mundo do Google e do Facebook, mas de todas as organizações que queiram ser resilientes. Assim, a transformação dos negócios para tecnologia digital, ser uma empresa digital, deixa de ser uma opção ou uma futura ação ("ainda não é o momento", diziam muitos executivos) para ser a base operacional da empresa.

Aos poucos, as empresas estão se adaptando e retornando às atividades e, dependendo do segmento, da velocidade, do foco, das diretrizes etc. são distintos os ritmos e as prioridades umas das outras, pois dependem da retomada da cadeia de valor na qual a empresa faz parte. Na crise, vimos que muitas empresas, apesar de discursos do tipo "fazemos parte de um ecossistema e nossos fornecedores são parceiros importantes", atuaram de forma completamente egoísta, asfixiando os seus fornecedores.

Sabemos que em um dado momento a crise passa, mesmo que depois de muito tempo, porém, infelizmente, existirão consequências das atitudes tomadas. Assim sendo, no mundo pós-Covid, serão essenciais declarações de propósito que definam não apenas a relação com os funcionários, mas com todos os *stakeholders*, e que deverá obrigatoriamente ser parte do DNA da organização. Uma revisão no planejamento estratégico, orçamento, diretrizes, visão a longo prazo etc. serão necessários para que os próximos passos das empresas acompanhem a nova realidade.

Outro ponto importante para destacar é a colaboração que passa a ser uma exigência para estar no negócio. Se o conceito de parceria não aguentar, a empresa terá dificuldades de se integrar a um ecossistema. Assim, cada vez mais ecossistemas integrados e colaborativos passarão a ser o novo contexto de negócios.

A parada brusca da economia e atitudes restritivas à movimentação de pessoas, como a quarentena, exigiu mudança de hábitos. Trabalhar de casa ou de qualquer lugar e não apenas no escritório foi uma dessas mudanças. Agora que vimos que é possível fazer isso, será que ainda obrigaremos as pessoas a perderem várias horas por dia se deslocando de casa para o escritório e retornando para casa, quando o trabalho não precisar deste deslocamento?

Isso vai obrigar a repensar o conceito de escritório e local de trabalho. Local de trabalho passa a ser onde a pessoa está e não em um prédio com endereço fixo. A empresa pós-COVID será uma empresa preparada para o trabalho com foco em resultado, em que as pessoas poderão trabalhar de onde for necessário, inclusive nos escritórios em determinadas situações.

Sabemos que algumas funções não permitem o trabalho a distância, o presencial não pode morrer, porém deixa de ser obrigação. Isso vai aumentar a velocidade de evolução das tecnologias de videoconferência e criarão ambientes cada vez mais próximos do escritório real. Com isso, teremos mudanças importantes quanto às legislações e os processos organizacionais e de gestão.

Existe também uma mudança radical quanto à sociedade, que também acelerou o uso de acesso digital para atender suas necessidades. O comércio eletrônico, o *delivery* de refeições e um maior uso de transações bancárias eletrônicas expandiram o hábito de uso digital. E, com isso, esse processo está cada vez mais acelerado.

Existem alguns setores que serão inteiros redesenhados, podemos afirmar que o principal deles é o sistema de saúde que com a tecnologia permitirá que seja muito mais ágil e adaptável do que é hoje. A oferta atual do sistema de saúde é muito antiga, baseada em deslocamentos físicos para consultórios, clínicas e hospitais. A tecnologia virá para transformar o setor por completo. Outro setor que será repaginado é o da Educação, que atualmente é baseado em um modelo antigo, de deslocamento para prédios onde aulas presenciais são dadas.

Isso não significa que deixaremos de ter médicos e hospitais ou professores e escolas, mas o uso de tecnologias aplicáveis fará com que esses setores possam ser mais digitais. Talvez nem precisemos mais de consultórios, como hoje. A tendência é de que a Educação também deixe de ter aulas similares às que tínhamos no século 19. Precisamos refletir quanto e quando o presencial é necessário. Para assistir a uma aula, será necessário? Talvez não.

Com tecnologias e assistentes virtuais, as aulas não precisam ser feitas em salas de aula. Porém para criar, debater ideias, gerar *insights*, a densidade de cabeças pensantes faz a diferença. Assim, talvez o modelo de educação se inverta para termos as aulas em qualquer lugar e os espaços físicos ficarão destinados para ideação e colaboração.

Essas são somente suposições de futuro, muita coisa ainda pode mudar, principalmente no atual contexto que estamos vivendo, em que algumas coisas têm validade de poucos dias. Será bem provável que no mundo de negócios pós-COVID as mudanças continuem sendo rápidas. Em vez de planejamentos anuais e revisões trimestrais, faremos planejamentos trimestrais e revisões diárias.

Falando um pouco sobre as questões do mercado de trabalho, é necessária uma mudança de regras e leis logo após uma avaliação profunda das reais necessidades no mundo pós-COVID. O mercado de trabalho não está pronto, não sabemos como ele será constituído, quais funções mudarão, quais deixarão de existir e quais novas funções surgirão. A única coisa que já sabemos é que teremos de estar abertos às mudanças e rapidamente nos adequarmos, acompanhando a questão de "como formar talentos para um mundo em mutação constante, onde as profissões passam a ter durabilidade curta, de poucas décadas?"

Um bom exemplo para este nosso momento é a aviação. Estamos vivendo momentos ilusórios, por enquanto, sem instrumentos de controle de voo. Alguns dos acidentes na aviação ocorrem devido às ilusões que os pilotos experimentam durante o voo, sem as reconhecerem como tais. No voo, o problema da orientação é muito maior do que no chão, porque o corpo pode ser influenciado por uma variedade de impressões ilusórias devido às acelerações impostas sobre ele pelo movimento do avião.

Dá para acreditar que, de acordo com estudos realizados, estima-se que 14% dos acidentes fatais na aviação foram consequência direta de fenômenos ilusórios? Além disso, foi confirmado que todos os pilotos são suscetíveis à ilusão e as têm experimentado durante o voo. Isso é chamado de desorientação espacial. Os gestores, como pilotos de suas empresas, jamais podem pensar e seguir da mesma maneira. Caso contrário, suas empresas desaparecerão.

Para os pilotos, o perigo de desorientação é resultado do pânico oriundo de conflitos de informação sensitiva. Assim, recomendações como "Se" aquilo que você "vê" é diferente daquilo que realmente "sente", acredite nos instrumentos. Eles são essenciais. No ambiente de negócios, os instrumentos serão cada vez mais digitais, a empresa cada vez mais digital e as decisões baseadas em instrumentos. E esse momento pós-COVID nos permite refletir e reprogramar o futuro das empresas.

Temos grandes desafios pela frente. Religar a economia, a empresa e a cadeia de valor não será simples. Não acontecerá pela intuição. Mas acredito que se as empresas reconhecerem que a transformação digital deve sair do PPT para o mundo real, elas serão vencedoras. As empresas pós-pandemia serão essencialmente digitais.

Para encerrar, algumas regras de ouro para você refletir e colocar em prática, depois desse momento de pandemia que vivemos frente a tantas mudanças e adaptações:

- Utilize a produtividade como um hábito nas empresas.
- Busque sempre inovar, melhorar, progredir.
- Siga as recomendações da saúde corporativa como algo positivo para atrair os talentos.
- Ofereça uma experiência, e não apenas um produto.

19

COMO SERÁ O DESENVOLVIMENTO DE HABILIDADES NO MERCADO DE TRABALHO NO CENÁRIO PÓS-PANDEMIA?

Descubra como inovar na carreira profissional e quais são as habilidades exigidas pelas empresas.

MIRIAN KRONKA

Mirian Kronka

Licenciada em Pedagogia pela PUC-Campinas. Formações em Professional & Personal Coaching, Leader Coach, Positive Coaching e Career Coaching pela Sociedade Brasileira de Coaching – SBCoaching. *Trainer* em "Atenção Plena" - *Mindfulness* para Organizações. *Mindfulness* – Mente Aberta – UNIFESP. Programa de Treinamento Mindfulness – Academia de Mindfulness-SP. Desde 2013, atua em consultório, de forma presencial e *on-line*, como *coach* pessoal para adultos e jovens. Comunicação Emocional x Inteligência Emocional; Atenção Plena - *Mindfulness*. Atuou por 23 anos como diretora no Sindpd-SP, atuando em negociações para lucros e resultados, direito do trabalho em empresas de Tecnologia da Informação. Especializações complementares: Gestão da Comunicação: falar bem conecta – Ricardo Silva; *School of Life Academy* em Milão, na itália, em 2017 e 2018 – Ricardo Bellino; Rock in Rio Academy - (Lisboa/Portugal) – 2018 – "Por um mundo Melhor" – Roberto Medina e equipe. Membro da SBCoaching; membro do Instituto Quasar. Coautora, pela Literare Books, dos livros *Ser extraordinário é questão de escolha;* e *Passou e Agora – estratégias e táticas para virar o jogo e vencer a crise.* *Practitioner* em PNL – Actius Consultoria e Desenvolvimento de Liderança. Especializada em Psicanálise pela SBPM; Cinesiologia Aplicada ao Corpo e Cérebro pelo The One Concepts Inc.; Filosofias da Yoga, Ayurveda; Filosofia da Medicina Chinesa para Saúde e Bem-estar; Meditação Indiana – Centro de Yoga Montanha Encantada – SC.

Contatos
www.miriamkronka.com.br
miriaksv@gmail.com
Instagram: @miriam.kronka

Muitas coisas mudaram e ainda estão mudando com a chegada da pandemia ocasionada pela COVID-19, e isso não seria diferente com relação ao mercado de trabalho. Se analisarmos, há pouco tempo, a maioria das pessoas tinha grandes projetos de vida, profissional e pessoal.

As pessoas se abraçavam, se beijavam, frequentavam festas e grandes shows com mais de 30 mil pessoas, todas juntas e aglomeradas, fato quase que inimaginável nos dias atuais. Mas todos esses projetos tiveram de ser interrompidos, substituídos ou simplesmente abortados.

Ainda estamos dentro de uma nova realidade e outras "novas realidades" ainda estão por vir. Como já aconteceu em outras crises no passado, sabemos que essa também passará e, quando isso ocorrer, quais serão as expectativas de mudanças no mundo do trabalho? Essa é uma pergunta que muitas pessoas estão se fazendo. O que esperar dessa nova realidade que virá e o que já mudou hoje? Acompanhe essa jornada nas próximas seções.

O que esperar do novo cenário?

O mercado de trabalho mudou e está exigindo um novo perfil de profissionais que sejam capazes de realizar as chamadas multitarefas. Isso se justifica principalmente pelo fato de que muitos postos de trabalho, infelizmente, fecharam por conta da crise pandêmica.

Outro fator a se considerar é o *home office*, que já vinha se mostrando uma alternativa para as empresas reduzirem custos e, ainda assim, garantir o mesmo nível e qualidade de trabalho. Apesar de ser uma evidente tendência, essa visão ainda era muito tímida, principalmente aqui no Brasil.

Com a pandemia causada pelo coronavírus, essa realidade teve de mudar forçosamente e, por incrível que pareça, a maioria das empresas puderam confirmar que o *home office* é efetivamente eficiente em inúmeros aspectos.

Certamente, ainda existem muitas coisas a se acertar para tornar o *home office* uma forma de trabalho definitiva, inclusive, em termos da lei, mas, felizmente, esse "futuro" já virou realidade aplicável.

Fato é que o mercado de trabalho sempre foi e continuará sendo exigente. Adaptar-se aos novos cenários é, verdadeiramente, reinventar-se profissionalmente. E isso não apenas para o empregado, pois o empregador também precisará se readaptar.

Adaptação e resiliência

Resiliência é a palavra da vez, com certeza. Falar em novos cenários envolve diretamente o que já acontece hoje, sobre tendências que viraram realidade, sobre expectativas que viraram prática executável.

De repente, colaboradores e empregadores se deparam com essa realidade, precisando enxergar oportunidades em meio às dificuldades do momento. É desse ponto em diante que surgem novas ideias, novas tendências e uma adaptabilidade impressionante.

E é exatamente essa capacidade de se reinventar que permitirá que colaboradores e empresas se adaptem ao cenário de uma pós-pandemia, lembrando sempre que esse "cenário" vai chegar para ficar, por um bom tempo.

O que já mudou no mercado de trabalho?

Podemos dizer que duas tendências se tornaram uma realidade totalmente perceptível já nesse momento da pandemia: a implantação do *home office* pelas empresas e o aumento do empreendedorismo, principalmente no setor de serviços.

Obviamente, existem muitos outros pontos no mercado de trabalho que também sofreram mudanças, inclusive novas leis trabalhistas com redução de jornada de trabalho, entre outras, em que a maioria delas visa a uma melhor aproximação entre o empregado e o empregador e a manutenção do emprego.

Mas, como estamos falando de uma visão de futuro, a curto e médio prazos, há de se considerar, sim, o *home office* e o empreendedorismo, em uma visão do Brasil, como mudanças efetivas e que se mostram duradouras.

Começando pelo *home office*, devemos considerar também que essa mudança na forma de trabalhar traz novos desafios, como o de continuar produtivo sem a supervisão direta de um chefe, por exemplo, além de se tentar manter o mesmo número de horas trabalhadas, uma vez que o empregado estará trabalhando em sua residência e na presença de sua família, que pode tirar bastante a sua atenção.

Além disso, esse empregado ainda terá um aumento de gastos com água, luz, internet, entre outros; e sua empresa terá de priorizar a comunicação *on-line*, afinal, ainda estamos em isolamento.

Isso tudo sem considerar as novas tecnologias, tão necessárias nessa nova realidade. Essas visões terão de ser discutidas e talvez adaptadas em novas regras e leis, mas o fato é que essa nova forma de trabalho sustentou não só o emprego de trabalhadores como o próprio funcionamento de empresas.

O empreendedorismo já era uma realidade brasileira para enfrentar o desemprego. Como esse último se agravou substancialmente com a pandemia, esses trabalhadores todos tentaram migrar para o empreendedorismo, por diversos motivos diferentes:

- Trabalhar sem um chefe e ser seu próprio patrão.
- Parar de procurar emprego.
- Necessidade financeira.
- Busca por novas oportunidades, uma vez que esse trabalhador perdeu seu emprego.

Muitos desses novos empreendedores ainda estão na informalidade e muitos não conseguiram dar nem o primeiro passo em seus novos negócios. O motivo é simples: falta de preparo adequado diante de uma necessidade urgente.

Seja como for, é uma realidade que foi intensificada por conta da pandemia e que não pode, de forma alguma, ser desconsiderada numa visão de novos cenários e habilidades para o futuro.

As habilidades esperadas no pós-pandemia

Falamos de cenários e de tendências que estão se tornando realidade. Diante de tudo isso, novas formas organizacionais surgem, novas maneiras de hierarquizar uma corporação, novas visões e, assim, novas habilidades precisarão ser desenvolvidas.

Podemos citar, inicialmente, 5 delas:

- Autogerenciamento
- Flexibilidade
- Comunicabilidade
- Muita empatia
- Análise crítica

Autogerenciamento

Tomemos como exemplo o próprio *home office*, em que o colaborador não tem a presença de um chefe bem ali ao seu lado. Obviamente esse chefe existe, hierarquicamente, mas o que se nota é uma necessária troca de uma organização tipicamente verticalizada para uma horizontalização corporativa.

Isso significa que o trabalhador não terá mais chefe? Não exatamente, mas esse trabalhador terá mesmo é que ter muita responsabilidade para lidar com essa nova forma de trabalhar e essa habilidade poderosa será, provavelmente, um diferencial importante para um tempo próximo.

Se autogerenciar, garantindo a quantidade e qualidade do trabalho ali executado, com extrema responsabilidade, já se mostra como uma habilidade importante para o mundo corporativo que vem surgindo.

Flexibilidade

Se falamos em resiliência, temos de falar em flexibilidade. O mundo já vinha mudando rapidamente, com a pandemia essas mudanças se intensificaram. O novo, o inusitado e até o nunca tentado, estão aparecendo como uma realidade que precisa ser aplicada já, agora.

Assim, ser flexível e se adaptar às novas mudanças é sim uma habilidade de alto valor que precisa ser bem desenvolvida.

Comunicabilidade

Você pode até dizer que, com toda a tecnologia de que dispomos hoje, comunicar-se de forma eficiente é fácil, só que não é bem assim, principalmente quando colocamos em evidência o "comunicar-se de forma eficiente".

Essa boa comunicação não está presente pura e simplesmente nos recursos tecnológicos disponíveis para ela, mas sim na forma de se comunicar. Um profissional que exerce uma boa comunicação nunca está sozinho, trabalha bem em equipe, mesmo à distância, e expõe o necessário de forma apropriada.

Saber se comunicar com eficácia está diretamente relacionado ao ato de ouvir e compreender o que foi dito, interpretar ideias e se expressar corretamente. Isso tudo deixa de ser apenas uma habilidade que precisa ser desenvolvida para se tornar um importante diferencial.

Muita empatia

A empatia por muito tempo foi considerada um dom. No entanto, sabe-se que ela é uma habilidade e que pode ser desenvolvida, praticada e exercida. A empatia, para quem não sabe, é a capacidade de se colocar no lugar do outro e se mostra como uma das habilidades mais relevantes nesse novo cenário pós-pandemia.

Isso se justifica porque, com a crise financeira, política e social gerada pela COVID-19, valores individuais tiveram de ser revistos, e a solidariedade se mostra como uma engrenagem vital para o funcionamento dessa máquina chamada mundo.

Assim, os relacionamentos entre colaboradores, gestores etc. precisarão de mais empatia, para que possam entender corretamente toda a demanda e o que se espera de cada um.

Análise crítica

Durante a pandemia e, principalmente, nos pós-pandemia, pensamento crítico que consiga apontar alternativas pertinentes para se alcançar objetivos será com certeza uma habilidade a ser considerada e um importante diferencial.

Revisar processos, analisar criteriosamente problemas e buscar as soluções possíveis, com visão e análise crítica, será uma das principais habilidades no cenário pós-pandemia.

Como desenvolver as habilidades necessárias para o mercado de trabalho?

Formação continuada, experiência pessoal e profissional são essenciais. Porém, para alcançar um diferencial competitivo, o mercado de trabalho vai exigir mais habilidades. Sejam elas de liderança, boa comunicação, fluência em idiomas, tomada de decisão e negociação, autogestão e/ou empatia.

Muitas dessas habilidades podem ser desenvolvidas com cursos técnicos profissionalizantes, mas outras tantas não. Será necessário um esforço pessoal, uma adaptabilidade de cada um.

Nada muito difícil, porque a realidade que nos cerca, impactada pela pandemia, já exige naturalmente muitas dessas habilidades, seja no trato pessoal, seja no relacionamento profissional. Dessa forma, no momento em que você se autocompreender verdadeiramente, conseguirá transformar a própria personalidade.

Nada se desenvolve ou se consolida sem a prática, sem o exercício contínuo. Assim, é de se considerar que de uma forma ou de outra todas essas habilidades já estarão, em certos níveis, sendo desenvolvidas naturalmente.

Será necessário, outrossim, um empenho para que essas habilidades se consolidem e é dessa forma que será possível o desenvolvimento da maioria delas. Para um futuro que já está muito próximo, todo profissional terá de ter a capacidade de ampliar sua própria visão, focando para dentro e para fora da empresa.

É importante ir além do profissionalismo técnico adquirido em sala de aula e em anos de experiência corporativa, bem como ser capaz de perceber a interdependência entre a maioria das atividades de outros profissionais e as suas próprias.

A tecnologia como aliada

É notório dizer que a tecnologia foi crucial nesse momento de pandemia, sob diversos aspectos, não só profissional. Mas se estamos falando em desenvolvimento de habilidades, a tecnologia aparece como uma importante aliada.

Isso porque ela funciona não só como facilitadora de processos, mas abre um leque de possibilidades. Além disso, influencia todo um processo produtivo, incrementa novas facilidades, traz respostas a novas questões que até então estavam em condição subliminar.

A maioria das ferramentas tecnológicas já hoje disponíveis consegue impulsionar a produtividade, acelerar a entrega de valor para as empresas e a colaboração das pessoas, fatores imprescindíveis para nosso momento atual.

O próprio *home office*, amplamente utilizado na pandemia, dificilmente existiria sem o auxílio da tecnologia. Basta imaginar que um colaborador exerça suas funções corporativas em um ambiente corporativo e em um equipamento corporativo.

Toda a infraestrutura tecnológica para que esse equipamento funcionasse e trouxesse as respostas necessárias a esse profissional estavam bem ali, já pensadas, projetadas e implantadas provavelmente bem antes desse mesmo colaborador trabalhar na empresa.

Ao trabalhar em casa, se fez necessário também pensar em uma infraestrutura mínima para que tudo corresse bem: internet, sinal de celular, *webcam* para reuniões e muitos outros. E, naturalmente, a tecnologia já disponível correspondeu às expectativas e, principalmente, às necessidades recorrentes.

Isso posto, conhecer bem a tecnologia disponível e estar preparado para se adaptar aos recursos tecnológicos que virão, visando facilitar o trabalho do dia a dia, parece ser uma habilidade que precisa estar em constante desenvolvimento.

Conclusão

Toda grande mudança, começa com um pequeno passo.

> *Existem apenas duas maneiras de viver a vida. Uma é como se nada fosse um milagre. A outra é como se tudo fosse um milagre.*
> Albert Einstein

Neste capítulo, compartilhei um pouco do conhecimento que recebi através de livros, através dos meus mentores coaches.

Estamos diante de um paradigma, que é se apropriar das experiências passadas e se abrir para novas possibilidades que se apresentam. O convite é para aproveitar a porta que está entreaberta, encarando os desafios como oportunidades para se reinventar.

Desafie-se! Promova a mudança que deseja ver no mundo, começando por você, olhe para uma oportunidade com olhar de principiante, tenha curiosidade.

Estou feliz por, mais uma vez, compartilhar através da escrita possibilidades que poderão fazer a diferença na vida das pessoas. Esse é o meu propósito, compartilhar, colaborar, treinar pessoas através da comunicação e, assim, dar sentido para a vida das pessoas, fazendo sentido para a minha vida também. Somos um grande sistema de informações interligados, entramos na era da colaboração.

O meu convite para você, venha comigo...

Sozinhos vamos mais rápido. Juntos vamos mais longe.
Autor desconhecido.

20

NÃO SEREMOS OS MESMOS

Nós nunca mais seremos os mesmos. E não é exagero. A pandemia mudou nossa forma de pensar. Alterou para sempre as rotinas de crianças, adolescentes e adultos. A geração COVID-19 jamais esquecerá dos meses em que foi privada de sua liberdade. Todos os setores da economia precisaram se adaptar e nós, seres humanos, também. Mas nada dura para sempre. Depois que isso passar, onde queremos estar?

MÔNICA MORAES VIALLE

Mônica Moraes Vialle

Diretora executiva da MVPAR Real Estate Investments em Portugal e sócia e diretora da MOOM Consultoria e Coaching, empresa binacional Brasil e Europa. Obteve sua formação pelas mais importantes instituições dos EUA, Portugal e Brasil. Mestre em Arquitetura, arquiteta e urbanista, técnica em Edificações, especialista em Real Estate, gestão de negócios imobiliários e da construção civil, escritora, palestrante, mentora e consultora em Real Estate, arquitetura e *coaching*. Seu histórico profissional passa por mais de 20 anos em posições de liderança em empresas importantes no Brasil e na Europa.

Contatos
www.mvpar.eu
www.moomconsultoria.com
consultoria@moomconsultoria.com
Instagram: moomconsultoria
Facebook: moomconsultoria
LinkedIn: MOOM Consultoria & Coaching

Quando o sábado chegar

Existe uma expressão portuguesa que desperta muita curiosidade em estrangeiros. A máxima "nunca mais é sábado" significa que nunca chegará o dia para descansarmos. A sentença está associada à etimologia da palavra. O sábado (do latim *sabbatu*, do hebraico *shabbat*, e do grego *sábbaton*) refere-se ao descanso semanal na cultura judaico-cristã. Portanto, "nunca mais é sábado" ou "nunca mais foi sábado" é uma alusão à demora, por algum motivo, do merecido descanso.

Dessa forma, podemos afirmar: "Depois da pandemia, nunca mais foi sábado". Ficamos, com razão, tão impactados com essa nova realidade que prever o fim dela foi difícil. Nossa realidade mudou completamente. Tivemos a liberdade privada. Crianças e adolescentes tiveram de lidar com a falta abrupta de convívio social. Adultos se depararam com suas profissões adaptadas, alteradas ou até extintas.

Não há uma só pessoa que, de alguma maneira, não sofreu consequências da crise social, emocional e financeira causada pelo novo coronavírus. O resultado é que a crise trouxe mudanças irreversíveis. O mundo não será mais o mesmo e tampouco nós seremos.

Algumas transformações que já estavam em andamento foram aceleradas com a crise, como a utilização dos meios digitais e das tecnologias no consumo. Para se ter uma ideia, o Brasil registrou um aumento médio de 400% no número de lojas que abriram o comércio eletrônico por mês durante o período da quarentena.

Segundo a Associação Brasileira de Comércio Eletrônico (ABComm), até o começo das ações para conter o novo coronavírus no país, em meados de março, a média era de 10 mil aberturas por mês. Logo após os decretos de isolamento social, o número de lojas com *e-commerce* saltou para 50 mil mensais.

Levantamento realizado pelo *Compre & Confie, movimento que* permite consultar a reputação e avaliar lojas *on-line*, além de monitorar o uso indevido dos dados de consumidores no ambiente digital, indicou que mais de 100 mil lojas aderiram às vendas pela internet depois da pandemia. Os setores que mais registraram alta foram os da moda, alimentos e serviços.

O mercado mudou, é preciso mudar com ele

Os dados revelam como as empresas tiveram de se adaptar ao novo momento. No entanto, dificilmente elas voltarão a oferecer seus serviços apenas presencialmente. Após a pandemia, o comércio deve ser cada vez mais híbrido entre o digital e o presencial. E os consumidores vão se beneficiar com isso.

Informações compiladas pelas empresas de consultoria Kantar, MindMiners, Global Web Index e Comscore mostram que 13% dos brasileiros fizeram sua primeira compra *on-line* durante a pandemia e 24% compraram mais pela internet do que antes das medidas de isolamento social. É um caminho sem volta.

O medo do contágio provocou o *boom* do *e-commerce*, mostrando que o que já era tendência virou necessidade. A transformação veio para ficar e o mercado vai precisar aprimorar cada vez mais a qualidade dos serviços para se manter competitivo. A competividade, aliás, será cada vez mais um incentivo para as empresas se modificarem e se estabelecerem no mercado.

Não há como negar que os consumidores estão mais exigentes. Comprar por comprar saiu de moda. A pandemia veio para nos ensinar que menos é mais e a compra deve ser uma experiência. Portanto, podemos afirmar que o consumidor vai procurar empresas com as quais se identifique, principalmente depois da crise.

Com o surto da COVID-19 e suas consequências, as empresas perceberam a necessidade do engajamento, de defender uma causa e de oferecer uma experiência de compra cada vez mais completa. O consumidor quer se sentir próximo, compreendido. Quer se sentir "em casa". Porque o conceito de casa mudou.

E se o mercado e o consumidor mudaram, as empresas também precisaram se transformar. O *home office* foi uma determinação, mas "quando tudo passar" muitas empresas devem adotar o trabalho em casa definitivamente.

É o que aponta um estudo realizado pelo Instituto de Pesquisa Econômica Aplicada (Ipea) e pelo Instituto Brasileiro de Geografia e Estatística (IBGE). De acordo com a pesquisa, o *home office* vai fazer parte de 22,7 % das profissões no Brasil. Ou seja, uma a cada cinco profissões deve adotar o trabalho remoto mesmo após a pandemia.

Gerenciar o tempo é fundamental

Com a transformação, vem a reinvenção. Será preciso fazer uma gestão de tempo muito mais otimizada do que antes da pandemia. Quando? Agora! Quem ainda não se acostumou à nova realidade, precisa se adaptar o quanto antes, pois já está atrasado.

Fazer uma boa gestão do tempo significa, principalmente, saber definir prioridades. Mas não apenas isso. O gerenciamento do tempo é o processo de organizar e planejar a divisão e a quantidade do tempo dispendido para cada atividade dentro da rotina diária. E se você está sempre pensando que o dia deveria ter mais do que 24h para poder dar conta de tudo, então, sim, precisa aprender urgentemente como gerenciar melhor o seu tempo.

É claro que a mudança súbita do escritório para dentro de casa dificultou esse processo para muita gente. Porém, é preciso ter foco e disciplina. Aprenda a priorizar cada atividade e evitar a procrastinação. Ficar adiando uma tarefa que precisa ser realizada só vai acabar acumulando mais coisas. As suas obrigações vão virar uma bola de neve gigante que pode se voltar contra você mesmo e acabar te atropelando.

Tenha em mente que fazer várias coisas ao mesmo tempo não é bom nem para a vida pessoal nem para a profissional. As atividades podem não receber a atenção devida e, por sua vez, não serem realizadas corretamente. Evite o estresse desnecessário, definindo um tempo para cada tarefa.

Uma manhã de cada vez

E se você tiver dificuldades, comece planejando um período. O que precisa fazer pela manhã? Se as atividades da casa se sobrepuserem ao trabalho – ou vice-versa – vai conseguir se planejar melhor se elas estiverem em uma lista de fácil visualização. Por isso, lance mão de calendários, *planners* e lousas. O que tiver à mão que te ajude a figurar cada atividade, vai contribuir para realizá-la.

Acredite, se fizer esse exercício por um período do dia, vai querer planejar o dia inteiro. E quando menos esperar, a sua semana e o seu mês estarão definidos com as atividades que consegue realizar em cada período, sem tensão. A gestão de tempo é um exercício diário, mas é preciso começar de alguma forma.

Ao definir e planejar as tarefas, será mais fácil entender a urgência de cada uma. Aí vem mais um passo importante para esse gerenciamento: aprender a dizer não. Muito do estresse que a suposta "falta de horas em um dia" traz é porque vamos assumindo responsabilidades – com a gente mesmo e com os outros – que não podemos cumprir.

Quando assumimos que não vai dar para fazer "tudo ao mesmo tempo agora", estamos tomando uma decisão madura, de crescimento e autoconhecimento. "Fazer isso para ontem é impossível, mas posso entregar em dois dias ou derrubar outra tarefa para realizar essa". Falar isso para o seu gestor ou admitir para você mesmo não é o fim do mundo. É responsabilidade.

Colocando-se no lugar do outro

Uma boa gestão do tempo significa menos cobrança. Os líderes do futuro (e, nesse caso, o futuro já começou) devem ter mais confiança, delegar mais e – acima de tudo – serem mais flexíveis. Ser flexível é uma habilidade poderosa e fundamental atualmente tanto para gestores, empreendedores, colaboradores, *startups* ou profissionais autônomos.

A flexibilidade é a capacidade de se adaptar às mudanças. Portanto, não é uma competência técnica. Ser flexível é buscar soluções quando algo sai fora do planejamento. É um recurso essencial para negociar prazos e promover a inovação nos processos.

Para ser flexível, é preciso se colocar no lugar do outro. Entender diferentes pontos de vista, assim como as diferenças e limitações de cada um. É preciso ter estabilidade emocional para reagir positivamente às adversidades e imprevistos. E caso algo aconteça de forma inesperada, o profissional flexível não desanima. Além disso, sabe motivar a sua equipe ou a si mesmo.

A flexibilidade traz um pensamento mais criativo e ajuda a lidar com as pressões do dia a dia. E apesar de não configurar uma competência técnica, é uma habilidade que pode ser desenvolvida. Para isso, afaste os pensamentos negativos. Quando a sua primeira reação diante de uma nova ideia for "não vai dar certo", significa que precisa mudar.

"Oh céus, oh vida, oh azar, isso não vai dar certo!"

Talvez você não tenha idade para lembrar, mas pode perguntar aos seus pais ou avós. Um desenho animado produzido pela Hanna Barbera na década de 1960, e exibido exaustivamente até o final dos anos 1980, tinha um personagem que chamava muita atenção. Era a dupla Lippy & Hardy.

Lippy the Lion era um leão com muita iniciativa e criatividade, mas o seu colega era o oposto. A hiena-macho Hardy Har Har era um pessimista radical. Tanto que seu bordão ficou muito conhecido. Para todas as ousadas propostas de Lippy, a hiena respondia "*Oh céus, oh vida, oh azar, isso não vai dar certo!*".

É preciso tomar muito cuidado para não ter a "síndrome de Hardy". O pessimismo é o maior sabotador do sucesso. Quando achamos que nada vai dar certo, deixamos de tentar. Desistimos antes mesmo de dar o primeiro passo. Assim, inconscientemente, atraímos a negatividade e a derrota.

O pessimismo pode se tornar parte de um processo patológico cíclico. Um padrão de comportamento que, se enraizado, vai ficando cada vez mais difícil de mudar. Geralmente o pessimista nato, como o Hardy, pode ter vivido muitas frustrações no passado, mas isso não impede de se enxergar um futuro promissor.

Se você se identifica com o personagem, saiba que é possível mudar esse estado da mente. Experimente trocar o "isso não vai dar certo" por "posso tentar". Comece aos poucos, com coisas pequenas e logo estará trocando o bordão mais pessimista da história dos desenhos animados por expressões de vitória e conquista. Lembre-se: não deixe seu pensamento ou comportamento sabotar os seus planos.

Somos o resultado das nossas escolhas

Se você pudesse escolher entre um pensamento negativo e um positivo, qual escolheria? A boa notícia é que, sim, é possível escolher. A decisão está em suas mãos, ou melhor, na sua mente. E nós somos o resultado das nossas escolhas. Quanto mais nos conscientizamos disso, mais próximo estamos do autoconhecimento.

Realizadas consciente ou inconscientemente, as escolhas determinam nosso futuro. Portanto, nada melhor do que sermos capazes de optar por decisões prudentes e maduras. Quando isso acontece, sabemos que nós – e ninguém mais – tem responsabilidade sobre onde e como estamos, tanto emocional como profissionalmente.

Você sente muita angústia e está constantemente infeliz? Por que não mudar de atitude e fazer uma escolha positiva? Nós não podemos reclamar do que não pode mudar, mas também não podemos aceitar a insatisfação apenas pelo medo da mudança. Ou de tomar uma decisão.

Fazer escolhas faz parte da vida. E é por meio delas que vamos conquistar nossos sonhos. Todos os dias a vida oferece uma oportunidade de mudança. Você pode começar agora. E se está feliz com suas escolhas, continue mantendo uma atitude positiva diante da vida.

Nossas ambições mudam constantemente. Uma atitude positiva ajuda a conquistar um futuro promissor, desde que a decisão seja tomada aqui e agora. Viver plenamente o presente é uma das maiores dificuldades do ser humano.

A tendência é sempre valorizar e romantizar o passado e prospectar o futuro, mas temos de levar em conta que não podemos voltar atrás nas nossas escolhas. É uma das poucas coisas impossíveis na vida. No entanto, podemos agir agora para mudar o amanhã. Ou para garantir o nosso crescimento, desenvolvimento e evolução. Hoje podemos transformar a nossa realidade, por meio de escolhas e de decisões.

Driblando as adversidades para aproveitar o "sábado"

A pandemia foi algo que não escolhemos. Ela aconteceu inesperadamente, mas temos a escolha de aprender com ela. Uma situação limite como a que vivemos traz à tona o nosso verdadeiro "eu", a nossa real essência. E depois de ficar frente a frente com o espelho, não dá para voltar atrás.

Independentemente do que aconteceu com a sociedade e com a economia, os nossos valores foram completamente alterados. Assim como nossas convicções. Não há como negar que a crise provocada pelo coronavírus nos fez avaliar o sentido da vida e valorizar coisas que não prestávamos atenção. Depois de meses sem reunir os amigos, abraçar, apertar a mão, respirar ar puro sem uma máscara como obstáculo, como não valorizar o que antes era rotina?

No pós-pandemia, a sobrevivência ganha outro sentido. Não basta estar vivo, é preciso aproveitar cada momento dela. Reconhecer que o tempo mudou, que a abundância e escassez ganharam outro sentido, que as relações devem ser mais valorizadas e que, se quisermos um futuro melhor, precisamos permitir a transformação. É a partir dela que podemos aproveitar, finalmente, o sábado que chegou.

21

UMA BOA GESTÃO NO PRESENTE, NÃO GERA CRISE NO FUTURO

Neste capítulo, compartilharei minhas experiências na gestão de empresas, na prevenção com sustentabilidade, para não serem atingidas e impactadas negativamente com as crises que são cíclicas no mundo dos negócios. Só existe um jeito para se sobressair com saúde e crescimento. Você sabe qual é?

NEDIR MARCHIORO

Nedir Marchioro

Graduação em Administração de Empresas, especialização em gestão de negócios, graduação em gestão de pessoas, MBA em engenharia de produção e sistemas, mestre em ciências da educação, *master* em PNL (Programação Neurolinguística), *profissional life coach*, *coach* executivo, *coach* financeiro, *master business* e *executive coach* (Membro do IBCI Canadá), treinador comportamental (Instituto de Formadores de Treinadores). Trabalhou como líder de equipes por 30 anos na Tramontina S/A Cutelaria, sendo 19 anos como gerente. Palestrante, professor universitário, empresário, CEO do Instituto Nedir Marchioro e Marchioro Intermediações de Negócios, mentor de pessoas e empresas. Escritor da sua autobiografia *História de vida e superação* e coautor de mais quatro livros.

Contatos
www.institutonedirmarchioro.com.br
nedir@institutonedirmarchioro.com.br
Instagram: @nedirmarchioro
54 99997-1158

Quando fui convidado para participar como coautor desta obra chamada *Passou... e agora?*, não pensei duas vezes, a resposta foi "vou participar". Acredito verdadeiramente que este capítulo vai ajudar você, leitor, a perceber que as crises sempre existiram e sempre existirão. Será isso uma verdade?

O que é crise para você? Podemos denominar crise de inúmeras formas, certo? Deixe-me provocar um pouco mais. Quando as crises acontecem, elas afetam a todos, cem por cento das empresas e pessoas?

Existe uma grande diferença entre afetar e impactar, nem sempre o impacto afeta a estrutura de uma empresa e/ou organização, mas com certeza o impacto abala a todos.

Se concordamos que as crises não afetam a todos, podemos dizer que é possível não sermos afetados pelas mesmas. Sendo assim, posso constituir um negócio e/ou uma empresa e passar pelas crises de forma a não ser afetado. E é sobre isso que vou abordar neste capítulo.

Como passar pelas crises sem ser afetado e sem danos significativos nos negócios e nas empresas? O que tenho visto acontecer no mundo corporativo de pequenas, médias e grandes empresas são as chamadas crises. Essa é a última pedra solta em que os administradores pisam para desmoronar, e se aproveitam da situação para justificar seus fracassos, normalmente, por problemas gerenciais e administrativos.

Se tem empresas que não são afetadas pela "crise" para quebrar, falir ou fechar, não importa o nome que você dá a essa situação. O fato é quebrou.

Por qual motivo normalmente isso acontece? As empresas que passam por essas situações são administradas por profissionais que acreditam que isso nunca vai acontecer e pensam que são infalíveis. Isso vai acontecer, sim, com certeza, é um ciclo, de tempos em tempos sabemos que são criadas situações que poderão nos surpreender e afetar nossas estruturas. Se isso é um fato e todos nós administradores somos sabedores dos fatos, por qual motivo deixamos isso acontecer novamente? Tenho escutado muitos empresários falando assim: "agora que estava saído dos estragos causados pela última crise, vem essa e me afeta novamente". Passamos a viver ciclos viciosos, andando em círculos sem perceber que o tempo passa muito rápido e, se eu não mudar a forma que estou agindo, a próxima onda vai me atingir novamente e, como já sei que vou ser atingido, penso que está tudo bem.

Outro fator determinante para ser atingido e afetado pelas crises é admitir que foi afetado já no indício que haverá crise. Essa forma de construir pensamentos negativos é autodestrutiva, impacta diretamente e veda a visão das possibilidades criativas e revolucionárias.

Relatarei aqui neste capítulo *cases* de sucesso e de fracasso em situações reais de empresas, os nomes serão fictícios para preservá-los. O que vou escrever aqui são fatos que vivencio dentro de empresas nas quais trabalho como mentor.

Empresa 1: quando a crise chegou, e de fato ocorreu, a primeira reação dos administradores foi dizer "mais um ano está perdido, será uma fase árdua, difícil". Acabam colocando toda a energia no negativo, sem esperança, sem perspectiva, sem visão de prosperar, muitos já jogam a toalha. Fatos como esses podem ser evitados. De que forma isso deve ser conduzido? Usando a antecipação preventiva dos fatos.

Empresa 2: "a situação só vai piorar, não sobreviverá ninguém, vamos cortar custos, diminuir despesas, mas não vamos demitir pois não temos verba para indenizar os funcionários", assim segue o discurso que leva ao desespero e à falência do negócio. Passam a responsabilizar os governantes, a concorrência desleal, o dólar alto, as taxas de juros abusivas, a falta de crédito e as cargas tributárias. Em suma, todos são culpados e assim fica fácil, pois "eu estou fazendo o que posso com os recursos que tenho, se falir e gerar desemprego, a responsabilidade não é minha, e sim do sistema injusto".

Empresa 3: essa tem visão e percepção, sabe como funcionam as regras do jogo. "Preciso tomar as determinadas ações enquanto a maré está baixa, pois esse é o momento de uma forma estratégica estruturar minha empresa com base sólida e de sustentabilidade", ou seja, quem tem uma base sólida dificilmente sofrerá com os impactos das crises, pois já fez uma projeção e está preparada para quando isso acontecer. Vai estar tranquilo e continuará navegando em águas calmas e/ou turbulentas. Em águas calmas qualquer marinheiro é bom; em águas turbulentas é que se separa os homens marinheiros das crianças marinheiras.

Primeiro passo para passar pelas chamadas e temidas crises é a profissionalização das empresas, independentemente do tamanho da empresa, pequena, média ou grande, isso é muito sério. Tenho passado por empresas de todos os portes e aprendi muito com cada uma, aprendi o que dá certo e o que não funciona. Um dos principais fatos que geram o fracasso das empresas é a falta de profissionalização delas: pessoas despreparadas para administrar, que estão brincando de administradores. O mundo dos negócios é algo muito sério e não aceita desaforo. Infelizmente, esse é um dos maiores fatores que levam as empresas a não sobreviverem às crises, pois não têm essa preocupação em gerar recursos e criar produtos competitivos, na maioria das vezes são dominadas por egoísmo, soberba e necessidade de viver uma vida de aparência e *status*. Vendendo uma imagem insustentável e sujeita a ser arranhada nos primeiros sinais de crise.

A maioria das empresas brasileiras é familiar. Segundo o IBGE, pesquisa realizada em 2019: 90% das empresas brasileiras são familiares, que representam 65% do PIB brasileiro e 75% da força de trabalho. Esse fato se agrava, pois a maioria das empresas familiares do Brasil não está profissionalizada, por isso acabam não suportando as crises.

Fatos que geram as crises internas por falta de profissionalização empresarial: misturar assuntos profissionais com assuntos pessoais, misturar as contas empresariais e pessoais, falta de critério profissional para a escolha dos componentes administrativos e falta de uma estratégia nas sucessões de geração. Só nisso já temos motivos suficientes para falir qualquer empresa, independente de crise ou não. Mais uma vez reforço, e agora com o entendimento dos leitores, a crise é a pedra solta que se move para falir ou colocar as empresas em dificuldades.

Outro ponto crítico que está diretamente ligado à profissionalização da empresa é a falta de planejamento estratégico com visão de curto, médio e longo prazo. Sem essa ferramenta fantástica, fica muito difícil trabalhar de forma organizada e com uma percepção clara das ações a serem estrategicamente elaboradas com embasamento teórico e prático para a sustentabilidade e crescimento das empresas.

Outro fator que é extremamente importante é viver na zona de conforto com os produtos em linha e que até o momento deram certo, sem ter a percepção de que, se não for criativo e buscar inovar, corre o risco de ser ultrapassado a qualquer momento.

As empresas buscam ser competitivas da porta para fora da sua empresa. Isso é um erro muito grave, pois da porta para fora você é só mais um, disputando o mercado com outros fornecedores do mesmo segmento. Estou convicto de que a primeira ação de uma empresa competitiva é buscar a lucratividade da porta para dentro, pois da porta para fora quem decide é o mercado e o cliente.

Uma empresa de visão sofre com as crises, porém não se deixa afetar, busca por inovação constantemente e, criando produtos novos, busca monetizar e diversificar seu portfólio, mantendo os que já são produzidos, sempre melhorando os processos e reduzindo custos. Isso é inovar! É chegar na frente e se diferenciar dos concorrentes, sendo competitivo a qualquer tempo.

As empresas precisam estruturar um plano de negócio, é o que dá um norte para as empresas. Com base nele, os administradores têm a possibilidade de visualizar as tendências e fazer os ajustes necessários para manter a empresa saudável e competitiva.

Outro fator determinante para o fracasso das empresas é a falta de uma visão estratégica para a parte financeira da empresa. É muito comum que as empresas não tenham a clareza dos seus custos fixos e variáveis e, se não estiverem sincronizados, fica muito difícil gerenciar as finanças da empresa. É relevante dizer que se ter uma boa margem de lucro não significa que a empresa tem boa saúde financeira, e explico o porquê. Para as empresas terem saúde financeira não basta serem lucrativas, precisam atingir o ponto de equilíbrio. Parece simples, só que não é a realidade da maioria das empresas. Por exemplo: uma empresa tem uma margem de lucro sobre o produto vendido de 30%, isso pode parecer ótimo. E é, se ela estiver atingindo o seu ponto de equilíbrio, ou seja, a soma do faturamento deve ser maior do que os custos fixos e variáveis da empresa. Se isso acontecer e a empresa tiver um capital de giro para pagar suas contas em dia, posso deduzir que a empresa está saudável financeiramente. Mas isso não quer dizer que está pronta para enfrentar as crises de cabeça erguida.

Um dos pontos mais fracos da maioria das empresas que passa por dificuldades nas crises se dá por falta de planejamento financeiro. É uma prática que poucos aplicam, mas que é indispensável para o sucesso das empresas.

O que é preciso fazer para se ter saúde financeira empresarial?

Em primeiro lugar, fazer sobrar dinheiro, ou seja, lucro líquido em caixa, e dessa sobra fazer algumas divisões extremamente importantes.

Primeiro, calcular os custos de final de ano, como décimo terceiro, bônus de férias, bonificações e outros valores já previstos. Durante todos os meses do ano, depositar 1/12 do total da receita necessária para honrar essa conta sem se descapitalizar no final de cada ano. A grande maioria das empresas não tem essa prática e em todo fim de ano o estresse aumenta, já que os compromissos são muitos e o caixa está vazio. Nesse momento, muitas empresas recorrem às instituições financeiras para buscar capital e honrar os compromissos, assim, acabam desembolsando juros e diminuindo a lucratividade.

Segundo ponto importante: destinar um valor para a reserva financeira. Essa reserva precisa ter no mínimo 12 meses dos custos fixos da empresa, que devem ficar em uma conta em que esses valores só serão utilizados caso falte do faturamento para atingir o ponto de equilíbrio da empresa. Isso dá a tranquilidade de um ano para honrar seus compromissos de custos fixos que, independentemente do faturamento, a empresa precisa honrar, para não se tornar inadimplente.

Terceiro, destinar um valor para os investimentos na empresa, para sua expansão e crescimento. Esse valor deve condizer com as metas de crescimento, investindo em tecnologia, novos equipamentos, manutenção de prédios e máquinas e, principalmente, no desenvolvimento humano e profissional dos colaboradores.

Quarto, tirar uma porcentagem que será destinada à divisão de lucros aos acionistas para a retirada no final de cada ano contábil.

O capital de giro de uma empresa é indispensável. O que é capital de giro de uma empresa? São os valores de estoque, de matéria-prima mais insumos, valores das vendas a receber, maiores do que as contas a pagar. O ideal é ter um caixa disponível de duas vezes a soma das contas fixas e as variáveis, isso gera uma tranquilidade para honrar os compromissos sem buscar empréstimos e afetar a lucratividade da empresa.

Passou, e agora? Uma grande oportunidade para mudar a forma de pensar e agir, isso não é fácil, pois temos padrões preestabelecidos e formas de ver nossos negócios e fazer a gestão. É importante fazer uma autoavaliação, observando quais são meus pontos fortes dentro do meu negócio e o que faço que sou elogiado e visto como um ponto fora da curva.

Também é igualmente importante avaliar o que estou fazendo não tão bem. Procure pessoas que sejam muito boas em fazer o que você não é tão bom, faça algo para agregar valor ao seu negócio e/ou empresa.

Todas as empresas merecem ser bem-sucedidas e isso é possível. Exige um planejamento estratégico de curto, médio e longo prazo com uma visão clara, uma missão condizente com seu negócio, muito foco nos resultados e determinação, humildade e resiliência.

Uma empresa de sucesso é construída em cima de valores.
Nedir Marchioro.

22

COMO LIDERAR EM MOMENTOS DE ADVERSIDADE?

Adversidades chegam sem avisar. Algumas requerem pequenas adaptações. Outras, tremendamente impactantes, requerem mudanças disruptivas. Nesses momentos, a direção dada pela liderança faz toda a diferença. Como liderar uma equipe frente à forte adversidade, mantendo os níveis de engajamento e produtividade? Compartilharei com você ideias e experiências.

RAMIRO NOVAK FILHO

Ramiro Novak Filho

CEO da Situational, um centro de soluções, difusão e estudos da liderança. Suas bases foram lançadas em 1993, visando atender ao movimento das organizações focadas em resultados por meio de pessoas. "Resultador" nas maiores empresas de Brasil, Argentina e Portugal, entre elas várias da lista das 150 Melhores Empresas para se Trabalhar. Altamente especializado, é referência para quem quer aprender sobre como liderar equipes de alta *performance* para alcançar resultados. É referência nacional e internacional no modelo Liderança Situacional®. *Master coach* Internacional formado pelo ICI – Integrated Coaching Institute (USA). Treinou mais de 60 mil executivos em empresas nacionais e multinacionais, visando ao aprimoramento da competência de liderança e incremento da produtividade no Brasil, em Portugal e na Argentina.

Contatos
situational.com.br
ramiro.novak@situational.com.br
LinkedIn: linkedin.com/in/ramironovakfilho
Facebook: m.facebook.com/ramiro.novakfilho/
Instagram: instagram.com/ramironovakfilho/
11 98579-2666

Em momentos de grande adversidade, como o trazido pela COVID-19, uma série de questões captam a atenção dos líderes:

- Que situação nova é essa? Como lidar com ela?
- Como lidar com o estresse que está afetando a saúde?
- É preciso acompanhar as metas e alinhar as expectativas. Como fazer isso com uma equipe remota?
- Como manter a cultura viva com a equipe distante?
- Como a inteligência emocional pode me ajudar?
- Como liderar na nova realidade?

Que situação nova é esta? Como lidar com ela?

Toda situação nova acarreta mudanças. Estamos fisicamente afastados uns dos outros e a privação do convívio natural do dia a dia nos faz falta, já que somos seres sociais por excelência. Para quem nunca trabalhou em *home office*, essa nova condição não é natural. Apesar da casa ser um ambiente totalmente conhecido, é preciso uma adaptação para atender às novas necessidades. A adequação do comportamento ao trabalho em *home office* pode levar tempo: é preciso reorganizar o espaço da casa para que se torne um ambiente de trabalho (que nem sempre oferecerá as condições ideais), estabelecer os horários e conciliar a nova rotina de trabalho com a rotina doméstica. Nesse contexto, adaptabilidade é a palavra para líderes e liderados. No entanto, algumas pessoas poderão se adaptar mais rapidamente que outras. Importante lembrar que a velocidade do aprendizado depende de quem aprende, e não de quem ensina.

Convivemos com o medo da contaminação, a pressão para conciliar as rotinas da casa e os compromissos da empresa, excesso de interações virtuais, insegurança com relação à manutenção do emprego. Diante de tantas pressões e incertezas, as pessoas podem se sentir nervosas, ansiosas e até deprimidas. Ao conversar com seus liderados, em equipe ou individualmente, ampare-os e deixe claro que você entende e aceita esses sentimentos, que são naturais frente ao cenário. Diante de dúvidas e incertezas, fale a verdade sempre. Se não tiver algumas respostas, admita e tranquilize as pessoas, esclarecendo que você se importa com elas e está buscando as informações. Esse acolhimento vai ajudar a baixar a ansiedade do grupo.

Trabalhar em casa exige concentração e disciplina, pois as possibilidades de distração e interrupção são muitas. Auxilie seus liderados a elaborar e cumprir um cronograma de atividades e de acompanhamento, negociando as metas e estabelecendo a nova rotina de trabalho. Defina as prioridades e cuide da capacitação. Estamos em casa, mas é preciso respeitar os horários combinados e os prazos acordados para as entregas. E lembre-se também de respeitar a sua própria rotina (do líder).

Por estar em casa e estabelecendo novos hábitos, seus liderados podem, às vezes, não estar 100% focados no trabalho como estariam na empresa. Entenda as dificuldades eventuais e cuidado com a exigência de câmera aberta. As rotinas estão misturadas e devemos evitar situações constrangedoras.

O estresse afetando a saúde

A saúde merece atenção especial. O distanciamento social forçado pode gerar ansiedade e até levar à depressão, doença considerada o mal do século XXI. Ficar em casa o tempo todo, por obrigação, é difícil. Uma alternativa para o distanciamento é manter contato diário com seus liderados, seja por vídeo, e-mail, telefone ou WhatsApp. Sempre respeitando a privacidade.

Em momentos como esse, de adversidade, autoconhecimento ajuda muito no controle das emoções. Como estou me sentindo? Por que estou assim? Que emoção é essa? O que, exatamente, está provocando essa emoção em mim? Conhecer e dar nome aos sentimentos ajuda a manter o equilíbrio emocional. Também é aconselhável conversar sobre o que está sentindo com uma pessoa de confiança. Isso alivia o "peso" e fica mais leve lidar com o momento. Se julgar necessário, busque ajuda profissional.

Cuidado com a infoxicação. Isso mesmo: a intoxicação pela informação. Quando a situação é nova para todos e ninguém sabe ao certo como agir, podem surgir informações desencontradas e *fake news*. O consumo de muito conteúdo pode causar dispersão, ansiedade e estresse. Para evitar esse desconforto, evite os noticiários noturnos com muitas notícias negativas. E visite somente sites conhecidos, confiáveis e respeitados.

Nesses novos tempos, em que passamos grande parte do dia em frente às telas, psicólogos e especialistas identificaram um novo fenômeno: a fadiga virtual, causada pelo excesso de interações virtuais. Permanecer muitas horas *on-line*, dia após dia, pode afetar a saúde mental e o rendimento profissional. Portanto, cuidado! Use seu tempo e o tempo dos seus liderados com sabedoria. Resista à tentação de fazer videoconferências para tudo e explore outras formas de interação.

Além disso, o tempo passado *on-line* não é sinônimo de produtividade. É preciso racionalizar o tempo em frente às telas e cuidar do tempo dedicado ao sono, à prática de atividades físicas, ao lazer e a uma boa alimentação. Vamos respeitar a hora do *home* e a hora do *office*.

Sabemos dos inúmeros benefícios que a prática de exercícios físicos traz para a saúde do corpo e da mente, pois incentiva o organismo a produzir serotonina, o hormônio do bem-estar. Reserve um tempo para a sua prática. O importante é manter o equilíbrio e afastar o medo e o desânimo. Mantenha rotinas de vida e de trabalho saudáveis. E incentive sua equipe a fazer o mesmo!

Em momentos de adversidade, as pessoas podem apresentar os seguintes comportamentos:

- **Frágil**: a pessoa com comportamento frágil tem alto grau de ansiedade. Para controlar a situação, comprometa-se apenas com o que pode cumprir. Forneça informações sobre o que está, realmente, acontecendo. Caso não tenha alguma resposta, seja humilde, reconheça que não sabe e busque a informação desejada.
- **Resiliente**: a pessoa com comportamento resiliente tem habilidade para lidar com situações-problema, adaptar-se a mudanças, superar obstáculos, resistir às pressões e retornar ao estado anterior. O exemplo clássico é o do bambu que se curva, mas não se quebra, diante de uma forte ventania.
- **Antifrágil** (conceito criado por Nassim N. Taleb): o antifrágil é uma postura, um modelo de pensamento. A pessoa com comportamento antifrágil encara os eventos adversos com consciência e proatividade e considera-os como uma possibilidade de aprendizado e aperfeiçoamento pessoal e profissional. Sai da crise melhor e mais forte do que entrou. Usa a criatividade e implementa ideias alternativas para lidar com a adversidade. O antifrágil vai além do resiliente: resiste à adversidade, cresce com ela e torna-se ainda melhor e mais forte.

Como líder, ajude seus liderados a desenvolver o comportamento antifrágil: ouça, converse, explique, demonstre, abasteça as pessoas com informações e seja positivo. Incentive-as a vislumbrar o que a situação pode trazer de aprendizado e crescimento para todos. Enfatize que ninguém está sozinho.

Mostre-se humano e faça a diferença positiva na vida de seus liderados.

Metas – alinhando expectativas

Estamos todos envolvidos e ainda nos adaptando a uma nova realidade. Mais do que nunca, manter as expectativas alinhadas é importantíssimo. Líder e liderado devem deixar claro o que esperam um do outro, além de definir metas, indicadores, entregas, pontos de checagem e a forma de acompanhamento. Desdobrar as metas no formato SMART ajuda o líder a acompanhar as tarefas e ao liderado a executá-las, pois sabe exatamente o que deve ser feito.

Após o alinhamento de expectativas e o desdobramento das metas (com seus respectivos indicadores), é importante acompanhar o trabalho durante a sua execução, para verificar se o que foi negociado está sendo cumprido conforme o combinado. Todo esse esforço de gestão só terá sucesso se o líder fizer o acompanhamento. Estabeleça um cronograma de reuniões de acordo com a necessidade de cada colaborador: alguns podem precisar de supervisão mais estreita; outros, nem tanto. Respeite o cronograma, valorize os avanços individuais e da equipe e faça as correções de rumo quando necessário. Sobretudo, mantenha um clima positivo e de aprendizado constante.

Distanciamento social e reforço da cultura

As pessoas estão trabalhando em casa, mas continuam fazendo parte da empresa. A cultura da organização é uma força poderosa que continua ativa. Nas interações com seus liderados, valorize, defenda e pratique os valores da empresa. Isso fará com que se mantenha a cultura viva nas mentes e corações de todos. Preserve este vínculo entre seu time e a organização.

Liderando com inteligência emocional

Vivemos uma época de muitas incertezas que podem gerar ansiedade e insegurança. Interagir com seus liderados com inteligência emocional vai ajudá-lo a manter o engajamento da equipe.

Seja empático! Mostre-se presente de verdade. Converse com seus liderados, individualmente, todos os dias. Oriente-os, comunique as mudanças, transmita segurança, dê as respostas conforme as dúvidas forem surgindo e fortaleça os vínculos de confiança.

S	M	A	R	T
eSpecífica	Mensurável	Alcançável	Baseada em Resultado	Tempo

As dúvidas ainda são muitas e ninguém tem todas as respostas. Deixe isso claro para a equipe. Compartilhe os problemas e aceite sugestões. Ao demonstrar vulnerabilidade, conquistará ainda mais o respeito das pessoas. Ao mesmo tempo, explique que está buscando as informações e que aspectos estão sendo considerados. Sua equipe vai entender, confiar e seguir você, pois perceberá que sabe para onde a está conduzindo.

A vida agora tem um grande componente digital. Por isso, use a tecnologia como sua aliada. Para manter a equipe unida, promova momentos virtuais de descontração: café, pizza, *happy hour*, falando de assuntos que mantenham a energia em alta. Ou se, durante uma videoconferência com a equipe você perceber que alguém está calado ou triste, faça contato em outro momento. Ouça e ofereça apoio.

O *home office* acarretou mudanças nos métodos de trabalho. As pessoas estão levando materiais e computadores da empresa para casa, com informações sigilosas. E estão distantes, sem supervisão próxima. Nesse momento, é preciso passar do sistema comando e controle para delegação e confiança. Esse é um trabalho fundamental: conscientizar as pessoas da importância de usar as informações com cuidado e transmitir confiança, enfatizando que sabe que farão bom uso delas, preservando a organização. Os liderados sempre nos surpreendem com mais do que pedimos quando confiamos neles.

Estamos praticando o afastamento, e não o isolamento social. Mantenha a proximidade com o time. Na hora do *office*, faça o acompanhamento combinado, fale sobre o trabalho e pergunte sobre as possíveis dificuldades encontradas. Use linguagem positiva e comemore as vitórias. Na hora do *home*, dedique tempo e demonstre interesse genuíno pelas pessoas: converse sobre o que está acontecendo, compartilhe dicas e *insights*, pergunte como estão se sentindo, como estão suas famílias, como estão conciliando tantas tarefas simultâneas. Haja com empatia: entenda as dificuldades e valorize as conquistas.

Liderar com inteligência emocional inclui cuidar das pessoas. Reconhecer que seus liderados estão trabalhando em casa; muitos em condições nada ideais e, ainda assim, cumprindo com seus compromissos profissionais. Como vimos anteriormente, o acompanhamento do líder faz toda a diferença. Não só o acompanhamento das metas, a valorização do trabalho bem feito e as correções de rumo quando necessárias, mas, acima de tudo, para que seus liderados tenham certeza de que você está próximo (mesmo que remotamente) e se importa com eles, sabe das suas dificuldades e entende o que está acontecendo. E, se necessário, você estará disponível para prestar apoio socioemocional e ajuda.

Possivelmente, haverá corte de despesas. O líder deverá fazer isso com inteligência emocional. Portanto, cuidado ao racionalizar a forma de trabalho e ao fazer ajustes na equipe e no orçamento. Comunique-se com transparência e moderação e aja com parcimônia e equilíbrio.

Liderando na nova realidade

A pandemia causada pela Covid-19 acelerou um processo que já estava em andamento: a digitalização de vários processos, o uso da inteligência artificial e a preparação para que mais pessoas trabalhem em esquema *home office*, com uso intenso de ferramentas de videoconferência. As organizações que tinham dúvida se esse esquema daria certo tiveram de se adequar rapidamente, com o suporte dos profissionais das áreas de Tecnologia e Segurança da Informação. Líderes que incrementaram em muito o uso da tecnologia e adequaram seu comportamento para gerenciar equipes remotas estão sendo agentes de mudança com relação à percepção de pessoas e empresas a respeito do *home office*.

Essa nova realidade, em que teremos mais interações virtuais e menos contato físico, deverá reposicionar a forma como nos relacionamos. Não só no trabalho, mas também em outras esferas das nossas vidas.

A pandemia da Covid-19 vai passar. A vacina foi descoberta e o vírus será controlado. E você está contribuindo positivamente para a construção dessa nova realidade.

As pessoas podem até esquecer o que você disse,
mas nunca esquecerão como as fez sentir!
Carl W. Buehner

23

ENFIM, PASSOU...

Alguns assuntos que precisam passar doem, e doem muito, e podemos escolher ver o melhor da vida, apesar da dor, que vai passando quando você deixa o colorido entrar e, aos poucos, consegue sentir o calor das cores, dos amores e o fluir da vida. Comecei a observar as pessoas que amo, do que elas gostam, como elas falam, com o que sonham, o que as alegra ou o que as aborrece, como elas se vestem etc. Parecem coisas simples, mas tomaram outro significado para mim. Somente a volta ao nosso interior pode nos levar por esse caminho que precisamos trilhar, com a fé de que Deus está lá, no meu interior e no seu também. Mais do que escrever o que passei, gostaria de saber como você, leitor, está passando por este momento.

REGINA SILVEIRA

Regina Silveira

Executive Business Partner ACEA™. Psicossócio-terapeuta em Gestão de Conflitos pela Faculdade Keppe e Pacheco. Apresenta, desde 2017, palestras e encontros para o Secretariado. Concluiu o 6º CPDAS – Curso Preparatório para Docência na Área do Secretariado (2018). Em 2019, recebeu o Certificado Avançado para o Assistente Executivo ACEA™. Conselheira, facilitadora e participante de eventos e jornadas nacionais e internacionais no maior clube de secretários executivos do Brasil, o *Pepita's Secretaries Club*. Coautora do livro *O futuro do secretariado*, lançado em 2019, com o capítulo "Educação e Felicidade" e também do livro *Meu Cliente Subiu no Telhado e agora?*, com o capítulo "*Case* de Sucesso no Atendimento", 2021. Tem forte desejo de viajar pelo mundo, divulgando, observando e compartilhando o que aprendeu e ainda aprende na vivência do secretariado.

Contatos
reginasilveiram@gmail.com
LinkedIn: /regina-silveira-08a1254
Lattes: /7656592611526526
11 94793-4969

Meu isolamento social e novo modo de trabalho começaram meses antes de março de 2020.

A empresa em que trabalhei por 23 anos consecutivos estava passando por uma transformação que foi detalhadamente planejada por uma empresa especialista no assunto de inovar, transformar e otimizar. E esse planejamento estrutural, que demorou alguns anos, culminou com minha demissão e de outros colegas.

Eu não esperava ou planejava esse afastamento em 2019, e isso me deu chance e oportunidade de agir no improviso. Em vez de ambições, eu precisava antes de tudo me adaptar a esse novo momento.

Minha vida já era muito simples antes do meu afastamento.

Em 23 anos de trabalho, saí de férias apenas 8 vezes, não tenho nem nunca pude ter muitos gastos supérfluos.

O minimalismo no vestir, na casa, no carro e na alimentação já fazia parte da minha vida, não só porque comecei a ver os programas no YouTube do Joshua Becker, mas porque eu precisava viver com o que tinha.

Quando meus filhos eram pequenos, passei 10 anos de muito aperto e dívidas. Com eles crescidos, as coisas foram se ajeitando.

Fiz-me várias perguntas (algumas sem resposta até hoje):

- Fui demitida porque não estava mais fazendo um bom trabalho?
- Essa demissão poderia ter sido evitada?
- Que sinais eu não vi que isso aconteceria?
- E agora, o que vou fazer? Como vou me organizar?
- Por que não me querem mais?
- De onde vem esse medo, raiva, frustração? Para onde isso me levará?

E descobri que:

1. Ninguém vai ter pena de você, não espere que te mimem.
2. Você tem de aprender a ser bem maleável, senão o coração quebra.
3. Os seus amigos continuarão sendo seus amigos (isso se você não os atacar muito, com palavras agressivas ou depreciativas).
4. Você pode fazer um bom trabalho, útil para o próximo, mas só se quiser.
5. Você não vai morrer porque perdeu o emprego ou porque não o escolheram, seja para o trabalho ou para um relacionamento afetivo.

Aprendi também que alguns assuntos doem, doem muito, mas se consegue ver o melhor da vida, a dor vai passando e você vai deixando o colorido entrar e aos poucos sentirá o calor das cores e o fluir da vida.

Comecei a observar as pessoas que amo, do que elas gostam, como elas falam, com o que sonham, o que as alegra, ou o que as aborrece, como elas se vestem etc. Parecem coisas simples, mas tomaram outro significado para mim.

Nesses últimos meses, aprendi que:

1. A vida deve ser vivida aqui e agora, de maneira plena, consciente e fazendo o bem ao próximo.
2. Em minutos, tudo pode mudar: seu trabalho, seus relacionamentos, sua família, sua fé, sua saúde, sua absorção do que é real.
3. O trabalho pode ser reajustado, reorganizado, as finanças podem ser revistas e a perda pode ser amenizada.

O que senti depois da pandemia?

Medo: que vírus é este? Como vai me afetar? Como vai afetar os outros?

Desconfiança: a mídia cada hora falava uma coisa e até agora não sabemos 100% o que está acontecendo ou o que acontecerá.

Raiva: fomos privados de sair de casa alegando prevenção e cada hora a mídia fala uma coisa diferente.

Dó: tive dó de ver casais, empresários, profissionais e amigos em geral enfrentando tudo isso, não foram em casamento dos filhos, aniversários, nascimentos, funerais.

Vi uma ponta de esperança no trabalho de cientistas e profissionais de saúde que não se abateram nem pararam sua luta em cuidar do ser humano.

Um exemplo foi a faculdade que trabalho *part time*, Faculdade Keppe Pacheco, que transmitiu dezenas de palestras ao vivo, *on-line* e gratuitas, administraram vários fóruns, *workshops*, oficinas, cursos livres, de extensão, de graduação, pós-graduação, e o mais interessante é que todos foram ligados à área da saúde física, espiritual e psíquica, à área da pedagogia, da física, das artes e da gestão ambiental.

Para mim, participar desse movimento fez toda a diferença.

O que precisei e devo agradecer nesses meses pós-pandemia:

- Residir em um prédio que adota a metodologia de Norberto Keppe, em que todos participam da manutenção predial, das refeições – temos uma cozinha industrial e um refeitório que conseguimos praticar o distanciamento social exigido pelos órgãos do governo e sanitários. Então, não senti o *lockdown*, pois estávamos mais unidos do que nunca, trabalhando ainda mais do que antes, para conseguir sair do olho do furacão.
- Trabalhar *part time* em uma produtora de comerciais, CINE, e na Faculdade Keppe Pacheco.
- Participar *on-line*, semanalmente, de *workshops* terapêuticos no Instituto de Psicanálise Integral.
- Estudar Teologia *on-line* na Faculdade Keppe Pacheco, todos os sábados pela manhã. Era o meu oásis, e o de mais de 100 alunos que aguardavam ansiosos por

essas aulas, que nos inspiravam, davam esperança de dias melhores e nos motivavam a fazer um bom trabalho.
- Ser convidada para ser uma das sócias da empresa NRW Recolocação de secretários e assistentes, com a Neusa Arneiro e com a idealizadora do projeto, Walkiria Almeida.
- Ser convidada no painel de secretárias extraordinárias no maior clube de secretárias do Brasil, o *Pepita's Secretaries Club*, e responder a perguntas dos participantes sobre como foi e está sendo minha jornada no secretariado.
- Fazer aulas *on-line* de inglês, com o professor Richard Jones toda semana, em que o professor inspirava os meus colegas de sala e a mim, sempre trazendo assuntos de saúde e desenvolvimento pessoal.
- Fazer aulas *on-line* de exercícios funcionais com a Support Fit, da Rita e Moa Serrão.
- Fiquei mais próxima de meus filhos e netas.

São muitas coisas a agradecer, mais as viagens curtas para a natureza, onde conseguia sentir o poder de Deus no Universo.

Comecei a ter o hábito, diariamente, como o banho, de agradecer, por cada coisa que via ou recebia.

Ouvi de alguém que "Motivação não dura para sempre, e o banho também não."

Anotei afirmações, textos, *links*, que me motivaram nas *lives* que participei e identifiquei o que precisava para continuar motivada, internamente.

Eu gostaria de que essa motivação me transformasse para sempre e não temporariamente como vinha acontecendo.

E para manter minha esperança viva, com inspiração, convicção e conhecimento, era preciso ter o conhecimento do que eu estava aprendendo, mais a ética, e só assim teria um bom resultado.

Vi que o conhecimento sem a ética não tem um bom resultado e causa até um emburrecimento.

Quantas vezes nos deparamos com alguma tarefa a princípio impossível e depois, com muito trabalho e suor, conseguimos realizar?

Esse é o nosso desafio: saber como participar dos processos necessários para o sucesso em alguma atividade.

Muitos de nós, quando somos perguntados sobre como passar por esses desafios, falam primeiramente que aguardam as solicitações do gestor. E se perguntarmos quais qualidades gostariam de ver neste mesmo gestor, para o processo ter melhor resultado, respondem:

1. Bom ouvinte
2. Senso de Justiça
3. Conexão muito forte com Deus
4. Mão na massa
5. Reconhecimento do outro e valorização da equipe

Veem o gestor como um super-homem, um semideus, e se esquecem de que ele também é humano, que sofre pressões, angústias, enganos, mas preferimos colocar a culpa nele se algo dá errado.

E se perguntarmos para nossos gestores e pares o que gostariam de ver em nós, provavelmente eles responderiam:

1. Confiança
2. Alguém com quem podem contar
3. Discrição
4. Mão na massa
5. Aceitação de nossas limitações e da nossa orientação

Vemos que somente quem fala a verdade gosta de ouvir a verdade. Será que somos essa pessoa que esperam de nós? Ou será que nos "magoamos" na primeira chamada de atenção por algo que não fizemos de acordo com o solicitado?

A verdade pode ser negada, mas não evitada.

Agora, mais do que nunca, é o momento de fazer as escolhas certas. E o que é a escolha certa? Podem dizer "ah, mas a escolha é relativa", e como sabemos se ela é relativa mesmo? Sabemos se a escolha foi certa pelo resultado. Tivemos um bom resultado?

Podemos seguir pessoas que fazem escolhas certas também, temos vários exemplos de secretários de sucesso que hoje fazem parte de processos decisórios em suas empresas, se tornaram professores e pesquisadores em secretariado, são palestrantes, *coaches*, mentores, escritores, blogueiros, aqui no Brasil e no exterior também.

Lembrei-me agora da Jannie Oosterhoff, secretária na Holanda, que passou por um processo de perda de peso. Falo isso pois é bem visível a melhora que ela teve fisicamente, e o resultado desse cuidado impactou outros setores da vida dela, inclusive dividindo conhecimentos. Foi por meio dela que conheci o *podcast* da Zelda Legrand, #EveryDayWalking, para nos animar a fazer da caminhada uma rotina diária, com disciplina e alegria. Tenho certeza de que vocês têm alguém de quem gostariam de saber o "segredo" das escolhas que fez. (Segue aqui o *link* com a história de superação dela: baker-thompsonassoc.co.uk/news-resources/featured-articles/articles-by-heathers-associates/jannie-oosterhoff-everydaywalking).

Então, será que fazer só o que se gosta, só o que nos dá prazer, nos fará sair bem dessa pandemia?

Hoje venho com mais perguntas do que respostas. Estou ansiosa para ler o que os outros coautores deste livro passaram nesses dias de *lockdown*, quais foram suas dificuldades, seus acertos, suas alegrias e tristezas.

Nesses últimos meses em que fomos forçados a não sair de casa, quais as habilidades que usou em seu convívio e qual foi a sua realidade?

Alguns disseram que foi muito bom não estar presente no escritório, pois não viram sicrano ou beltrano, que estavam esgotados de ver o colega comendo, fazendo barulho ou aquele que funga, ou aquele que trata de assuntos pessoais na sala compartilhada com outros funcionários no horário de trabalho.

Outros já estão ansiosos pensando no retorno e ter que enfrentar tudo isso e mais alterações na jornada de trabalho e na redução de salário em muitos casos em empresas, quando não falar nos que foram demitidos.

Então é hora de se perguntar quais estão sendo nossas prioridades.

O nosso serviço tem sido produtivo?

Nos vemos produtivos?

Quais são as nossas distrações?

O que fazíamos era útil? Estamos felizes de não ter contato com algumas pessoas? Quando estávamos no escritório e o telefone tocava, o que sentíamos? E agora? O telefone ainda toca? E o que sentimos?

Como está sendo nosso contato com os nossos próximos?

Alguns já eram sozinhos e faziam trabalho remoto, mas e agora? Como é esse trabalho?

Como já disse, faço trabalho remoto há um ano e na época pedi para algumas secretárias me darem dicas do trabalho remoto. As dicas eram sempre muito superficiais, talvez medo da concorrência. Tem amigas que não gostam nem de dar receita de pão e, se dão, passam com um ingrediente a menos, mas a verdade é que teremos que nos adaptar e focar no resultado.

Devemos nos antecipar e pensar como faremos daqui para a frente.

Vamos identificar o que podemos fazer pelo nosso futuro, principalmente pela vida espiritual. Sabemos que um dia de preocupação é mais cansativo que uma semana de trabalho produtivo.

Falando em produtividade, somos mesmo produtivos agora que estamos em casa? As nossas distrações são as mesmas?

Vamos nos fazer muitas perguntas, como em que grupo queremos estar, com quem queremos dividir nosso conhecimento, o que precisamos aprender, o que farei daqui para a frente para ser útil, para servir com inteligência e habilidade etc., e sabemos que com Deus tudo isso se torna mais fácil.

Não vamos destruir nosso futuro por problemas que não queremos resolver ou que não sabemos enfrentar, vamos correr atrás dessas respostas, vamos usar nossa força de vontade para saber em quais fontes buscar essas respostas.

Vamos olhar bem para o que nos incomoda agora e ver o que podemos fazer. Por que incomoda? Que sentimento tenho?

Dizem que sofrer pelo futuro é colocar curativo sem ter ferida na pele.

Como vocês perceberam, tenho mais perguntas que respostas.

Vamos juntos achar as respostas?

Sem pressa, mas rápido e habilmente, porque velocidade sem direção somente nos faz chegar mais rápido no lugar errado. Vamos focar aonde queremos chegar?

Podemos tentar melhorar a nossa vida a cada dia, construindo constantemente as habilidades mentais e emocionais de que precisamos para continuar. Aceitar o que não está dando certo é um dos primeiros passos para o crescimento. Quando você aceitar isso, poderá fazer algo para melhorar imediatamente ou a longo prazo.

Comecei a me lembrar das coisas boas que estavam acontecendo.

E quanto mais eu me lembrava desses momentos felizes, mais fácil será lembrar deles em momentos difíceis, e isso me dava certo alívio.

Fiquei pensando em como desenvolver a resiliência para enfrentar novas lutas e percebi que isso tinha aumentado minha capacidade de tolerar outras coisas que sempre foram difíceis para mim, por exemplo, a incerteza do que eu encontraria pela frente.

Como eu já tinha passado por tempos muito difíceis ao longo dos anos, vi que eu conseguia suportar melhor o estresse.

Fui forçada a me adaptar a uma nova vida e isso me fez lembrar que tive que lidar também com assuntos que eu tinha muito medo.

Ter passado meses em isolamento social, mesmo que parcial, vivendo uma vida simples e mais natural não me arruinou.

Estou falando isso pela lógica, mas sentir tudo isso foi totalmente diferente.

Eu não tinha escolha, descobri que eu precisava me adaptar e superar tudo aquilo.

Eu precisava mostrar para mim mesma que deveria sobreviver, eu precisava substituir minhas vontades para me adaptar a esse novo momento, que veio recheado de descobertas, conhecimento e muito amor.

24

O MUNDO PAROU E A GENTE NÃO PÔDE DESCER

A pandemia exigiu de nós novas posturas e focos. Não foi diferente com Rosângela Matos. Em meio a crescentes atendimentos *on-line* de pessoas do Brasil e do mundo, a Psicanalista e escritora decidiu escrever o capítulo *O mundo parou e a gente não pôde descer*. Apesar de um texto menos formal, continuou útil e certeiro, com grandes provocações e reflexões, para ajudar pessoas a serem melhores do que são.

ROSÂNGELA MATOS

Rosângela Matos

Psicanalista. Escritora, palestrante e conferencista. Formação em Psicanálise pelo Círculo Psicanalítico da Bahia e Instituto Brasileiro de Psicanálise. Mestra em Psicanálise pela Universidad Jonh F. Kennedy, Argentina. Atende em consultório de psicanálise há quase 20 anos. Autora dos livros *Diário de uma analista: a psicanálise que ninguém te conta*, e *El Psicoanalisis aplicado como tratamiento de los nuevos síntomas* (no prelo). Graduada em Enfermagem pela Universidade Estadual do Sudoeste da Bahia. MBA em Gestão de Pessoas, Lideranças, Carreiras e Coaching pela PUC-RS. Especialização em Teoria da Psicanálise de Orientação Lacaniana pela Escola Bahiana de Medicina. Especialização em Administração Hospitalar pela Faculdade São Camilo, São Paulo. Humanoterapeuta pelo Espaço Humanidade, São Paulo. Numeróloga Cabalística pela Associação Brasileira de Numerologia Cabalística, São Paulo.

O dia em que o mundo parou e a gente não pôde descer. Permanecer foi o desafio! E, de repente, nós que andávamos sobressaltados com as mudanças climáticas, com a poluição dos rios, com a camada de ozônio, com a quantidade de lixo produzido, pelos oceanos estarem cobertos de plástico descartados por nós, vimos que todas essas ameaças não eram nada perto da ameaça invisível de um microscópico e desconhecido vírus.

Todos vimos estarrecidos as pessoas se trancarem em casa, assistindo pelas mídias à quantidade imensa de doentes que morriam por falta de ar. Que ironia! Logo pela falta do elemento vital que nós, por termos em abundância e de graça, nunca percebemos de fato que era o bem mais precioso e essencial para a manutenção da vida.

Dentro das nossas fortalezas/casas/prisões, vimos a doença se disseminar como rastilho de pólvora. Ninguém estava a salvo!

Vimos líderes mundiais se renderem a sua própria insignificância frente a um inimigo tanto pequeno quanto mortal, lutando desesperadamente para conter a quantidade de mortos, hospitais lotados, insumos, medicamentos e equipamentos insuficientes, além de número escasso de profissionais para atender tão alta demanda de doentes.

Vimos gente na porta de hospitais em todo o mundo, tentando ser atendida, mas carecendo de leitos. As equipes de saúde vestidas com armaduras para se defenderem do indefensável perigo de um "inimigo invisível. Vimos câmaras frigoríficas à porta dos hospitais esperando para serem utilizadas como depósito de corpos a serem conservados porque os cemitérios precisavam de tempo para abrirem valas. Chegou ao ponto de enterrarem corpos sobrepostos.

Isso foi uma tragédia e um trauma coletivo sem precedentes. Enquanto isso, outra epidemia muito maior que a do coronavírus se espalhava numa velocidade inúmeras vezes maior. A epidemia do medo. O pior é que para essa não há remédio eficaz para dizimá-la e muito menos vacina. De casa, tivemos que receber de volta todos os nossos medos com lente de aumento.

As redes sociais se tornaram palco de uma perplexidade imensa por nos mostrar a humanidade de todos.

Ninguém estava viajando, os cabelos já não podiam ser pintados ou alisados, os símbolos de poder estavam todos recolhidos. Só restava o vazio do que resta de si mesmo sem o olhar e reconhecimento do outro.

Então, restou o encontro com as nossas sombras, que agora não podiam ser escondidas por distrações externas e efêmeras. Lá, dentro das nossas casas, nos sentimos prisioneiros! Prisioneiros de nós mesmos. Porque tivemos de nos confrontar com o nosso vazio interno. Tivemos de parar para pensar sobre a vida. Muitos descobriram que tinham uma casa, mas não tinham um lar. Isso sim, para a maioria, foi a pior epidemia. Por isso mesmo, pesquisas indicam que nunca se consumiu tantos remédios psiquiátricos como nesse período (fonte: IQVIA CFF -10 de setembro de 2020). E a pandemia se tornou a maior experiência a céu aberto de repercussões de distúrbios psíquicos.

De repente, nós, que estamos acostumados a querer controlar tudo, experimentamos na pele a realidade de que não controlamos nada.

Inicialmente esbarrados no Instante de Ver (lacaniano), vimos o preço do petróleo (ouro negro) cair e implorarmos pelo maior objeto de desejo do momento: um respirador. Assistimos a tratados serem quebrados pela luta desigual por esse precioso bem. Engraçado, logo nós que vivíamos num mundo cercado por símbolo de poder, estávamos agora todos desejando o mesmo objeto, um respirador.

Em decorrência do medo, vimos verdadeiras insanidades, como alguns políticos se utilizarem da dor e do sofrimento para obterem ganhos políticos. Assistimos estarrecidos à descoberta de fraudes na compra de insumos por criminosos. Inacreditável!

Estávamos todos em casa.

Enfim fomos descobertos na nossa pequenez e humanidade. Ninguém podia mais dizer que estava feliz, ou que estava viajando ou mostrar aquelas imagens tão lindas quanto enganadoras de vidas perfeitas que não existem.

Enfim, fomos desmascarados a uma realidade nua e crua de que os símbolos de poder não valem nada se não temos para quem ostentar.

Em casa, confinados e quase na mesma condição (digo isso porque uns tinham melhores condições que outros), ou saindo por ter que trabalhar, todos nós morríamos de medo. Medo de faltar ar!

Por que antes não nos preocupávamos com isso? Talvez porque pensássemos que não estaríamos vivos para faltar ar para nós. Que ironia!

Agora, países ricos como os Estados Unidos estavam passando muito pior pela pandemia do que outro país pobre. Quem poderia imaginar isso? A maior potência da economia mundial mostrava as suas fragilidades.

Interessante é que nesse período a maior pergunta era: quando vamos voltar ao normal?

Curioso que de repente a nossa vida de antes parecia tão boa. Será mesmo que era? Penso que não, porque, sendo psicanalista estudiosa, sei dos males que acometem o sujeito na contemporaneidade. Por isso, os índices de suicídios são tão altos ou consumimos tantas drogas lícitas ou ilícitas com a intenção de tentar sufocar o vazio decorrente de uma vida de inconsciência do que realmente somos e desejamos, em que o Sujeito fica mortificado.

Há muito tempo, o nosso desejo de escolha já não nos pertence. Desejamos o que nos é ofertado. Afinal, sempre desejamos o desejo do outro. A publicidade sabe disso. Por isso mesmo cria desejos para depois oferecerem objetos de "satisfação". É assim que funciona.

Estando mergulhados na cultura em que tudo é descartável, trocando-se indefinidamente o objeto de desejo, que os psicanalistas chamam de objeto de gozo. Dizemos gozo, porque isso está longe de ser desejo do Sujeito. As relações humanas foram quase que totalmente substituídas pelas relações virtuais, a ponto de, dentro de uma mesma casa, as pessoas se comunicarem por meio de mensagens de texto.

Se antes vivíamos desconectados do outro de forma real, agora fomos obrigados a nos comunicar verbal e pessoalmente pelo menos com quem estava morando conosco no mesmo lugar. Então, descobrimos que não sabíamos nos relacionar nem com os mais próximos. Desaprendemos!

Partimos para uma busca desesperada para encontrar culpados, como uma forma de nos fazer entender o que estava acontecendo. Isso poderia, na nossa fantasia, nos aliviar e quem sabe, punindo o culpado, poderíamos fazer justiça, amenizar o medo e talvez acabar com a ameaça. Não funcionou! Achamos muitos culpados, mas ainda assim, o vírus estava lá, com toda a sua potência de virulência e letalidade.

Passamos a replicar todo tipo de notícias, de acordo com o lado que cada um escolheu. Ou do desespero, do pessimismo, do fatalismo. Ou o lado da esperança, do otimismo, do equilíbrio, entre outros. Assim, sintonizados energeticamente vibramos loucamente na faixa escolhida, que por sintonia se retroalimenta.

Enquanto isso, notícias surgem de descobertas boas e ruins, mas, infelizmente, as ruins eram muito maiores.

Vimos o povo lutando para não se contaminar e, ao mesmo tempo, tomando medidas tresloucadas levados pela negação (não usando máscaras ou se aglomerando), ou pelo desespero da carência do básico e outros por ganância de não perder mais dinheiro, já que para estes, nunca é suficiente.

Por outro lado, assistimos a atitudes de solidariedade nunca vistas. Muita gente postando mensagens de fé, de amor e do bem. Vi no Brasil 40.000 pessoas meditando pela internet. Comunidades inteiras se mobilizando para não deixar o irmão ou vizinho passar necessidade, talvez motivados pelo desejo de fazer as pazes com Deus, já que a morte rondava.

Vi a luta de poder e queda de braço entre governadores e prefeitos, para ver quem ganharia mais votos nas próximas eleições, mas também vi governadores e prefeitos inimigos políticos darem os braços para lutarem juntos. O inimigo agora era a COVID-19!

Interessante ver o mundo se curvar a um inimigo invisível. Logo agora que as grandes potências mundiais namoravam uma guerra atômica. Isso se tornava cada dia mais próximo.

Mas a Divindade não permitiu e, num sopro, fez o homem entender quem realmente está no controle: Ele.

Agora, restava aprender o recado que a doença veio trazer: que se todos não se curarem, ninguém estará livre. É a síntese de um conhecido provérbio Xhosa, da África do Sul, que diz: "Uma pessoa é uma pessoa por causa das outras pessoas".

Isso pode ser mostrado pela história de um antropólogo que estava estudando os usos e os costumes de uma tribo africana. Quando terminou seu trabalho, sugeriu uma brincadeira para as crianças: pôs um cesto muito bonito, cheio de doces, embaixo de uma árvore e propôs às crianças uma corrida. Quem vencesse ganharia o bonito e delicioso presente. Quando ele disse "já", todas as crianças se deram as mãos e saíram correndo em direção ao cesto. Dividiram tudo entre si muito felizes.

O antropólogo ficou surpreso com a atitude das crianças. Elas lhe explicaram: "Ubuntu, tio. Como uma de nós poderia ficar feliz se todas as outras estivessem tristes?" Ele, então, percebeu a essência daquele povo: não havia competição, mas, sim, colaboração. Significa exatamente incluir mais humanidade nas relações e, sendo assim, despertar o que há de melhor nelas, ao serem reconhecidas além das suas funções, como seres humanos mesmo.

Nada será como antes felizmente! Digo isso porque antes estávamos focados nos valores efêmeros, nos símbolos de poder, na ganância, no egoísmo, sustentados nas aparências. As relações estavam muito ruins, principalmente porque comparávamos com aquelas relações idealizadas que vimos em novelas, filmes ou nas redes sociais.

Então, agora o que nos resta? Como será esse "novo normal"? Eu não sei. O que sei é que a realidade e a forma com que nos sentimos não deve depender de condições externas. Isso é subjetivo! Por isso mesmo, quanto menos consciência tivermos de nós mesmos, mais vamos sofrer, até nos depararmos com o silêncio ou falta de ruído que tampam o nosso ruído interno causado pelo nosso inconsciente que insiste em falar.

Vamos acordar para a realidade. O normal bom ou ruim depende de nós! Na medida em que possamos bancar o nosso desejo, sermos menos reféns da opinião do outro e sabermos nos escutar e compreender.

Só assim podemos encontrar a "normalidade", nem de antes nem de depois da pandemia. A nova. A escolhida a partir de nós.

Como fazer? Começar pela desalienação da mídia sensacionalista, que busca ditar comportamentos, fabricante de medos para vender seguros, que vende desejos para depois ofertar objetos que os "satisfaçam". Mas o pior é que nunca satisfazem, porque além de não serem escolhidos por nós mesmos, ainda existe algo em nós, que vai sempre faltar, porque sem essa falta nós não poderíamos desejar. Essa falta é fundamental para a estruturação do desejo.

Então, não acreditem naqueles amores perfeitos ostentados nas redes sociais, ou nas viagens maravilhosas, ou no imperativo de ter de comprar esse ou aquele objeto de satisfação, porque isso nunca pode ser recebido de forma igual para todos, já que está relacionado a um significante próprio e particular.

O que quero dizer é que, se não estivermos bem, não há nenhum normal que venha trazer a felicidade. Porque onde você for, terá de se levar consigo. Poderá, sim, ter momentos alegres ou felizes, mas, de verdade, só poderemos ser felizes quando abraçarmos a nossa "imperfeição" e podermos trabalhar com ela, entendendo que nela está contida a nossa humanidade. Aceitando-a e trabalhando para melhorar.

Levar o lixo para debaixo do tapete não vai resolver. Passou da hora de perceber que existimos além da consciência, até porque nós somos regidos pelo inconsciente. Por isso mesmo, vivemos nos repetindo inclusive no que mais detestando em nós. Repetimos padrões de escolhas e por isso mesmo perpetuamos situações que muitos dão o nome de destino, mas que Freud chama de automatismo de compulsão à repetição, ou sintonia de frequência energética em que os iguais se atraem segundo a física quântica.

Só o autoconhecimento pode nos trazer, nem o velho, nem o novo normal, mas o verdadeiro normal. O que é autorizado a partir de nós mesmos.

Então, o mundo que espero após tudo isso passar é um mundo onde as pessoas sejam mais conscientes, humanas, empáticas, que dão mais valor ao que verdadeiramente importa nessa vida e, principalmente, mais conectadas com elas mesmos.

Que a gente nunca esqueça o valor do abraço. Que os artistas nunca esqueçam o valor do público. Que a gente nunca esqueça o valor de simplesmente sair um pouco. Que tenhamos percebido que podemos viver com 3 ou 4 mudas de roupas. Que a família e os amigos são bênçãos. Que o mundo virtual é ficção. Que precisamos viver o momento presente como se fosse o último. Que precisamos respeitar a divindade que realmente é dona de tudo que é essencial. Que as pessoas não sejam vistas como coisas. Que as relações não sejam descartáveis. Que o valores éticos prevaleçam. Um normal em que sejamos sujeitos desejantes em vez de objetos.

Espero que, quando a pandemia de COVID-19 passar, possamos vencer a segunda onda: a epidemia das repercussões do trauma de tantas descobertas sobre nós mesmos.

Que o novo normal seja você!

Referências

BHENGU, M. John. *Ubuntu: the essence of democracy.* Rudolph Steiner Press, 1996.

LACAN, Jacques. *O tempo lógico e a asserção de certeza antecipada.* Escritos. Rio de Janeiro: Editora Zahar. 1998.

CONSELHO FEDERAL DE FARMÁCIA. Disponível em: <https://www.cff.org.br/>. Acesso em: 14 jul. de 2021.

25

A SUA HORA É AGORA. VOCÊ ESTÁ PREPARADO PARA O NOVO?

Foi difícil, mas você está aqui lendo este capítulo com o pensamento em crescer, encontrar as alternativas para superar e crer que o que passou realmente ficou para trás. Apresento a você três passos que farão o seu interno refletir, mostrar o direcionamento para o seu aprimoramento como pessoa e profissional, para a sua vida ser abundante e para se proteger dos males que impedem a sua evolução de encontro com a sua missão de viver.

SIDNEY BOTELHO

Sidney Botelho

CEO e palestrante da Toyê Coaching, Training & Eventos. É neurocientista, *master trainer*, *master coach*, especializado em Hipnose Ericksoniana e especialista em Oratória, Comunicação e Negociação, formações pela PUC-RS, Universidade Presbiteriana Mackenzie, Universidade Monteiro Lobato e Instituto Brasileiro de Coaching. Experiência de 30 anos nas áreas de TI/Telecom, com passagens em grandes multinacionais; 23 anos na área de Rádio e TV, sendo âncora de telejornal na Rede Gospel de TV; 20 anos na área de cerimonial e eventos, como apresentador e mestre de cerimônias. Escritor do livro *Além do microfone – improvisos de um mestre de cerimônias* (2016); coautor dos livros *Profissional de alta performance* (2019), *Coaching de carreira* (2019), *Coaching – mude o seu mindset para o sucesso* (2019), *Manual prático do empreendedor* (2018) e *Momento Zero* (2021) e *Otimizando relações* (2021), todos pela Literare Books. Apresentações para mais de 3 milhões de pessoas.

Contatos
sidneybotelho.com.br
Instagram: @sidneybotelhooficial
YouTube: Sidney Botelho

O ano de 2020 deve ou não ser esquecido? Esta pergunta está dominando a cabeça de muitas pessoas que tiveram neste período mudanças drásticas na vida, na carreira e na empresa. A resposta mais correta para esse questionamento vem de encontro com o que as pessoas passaram, seja no âmbito da saúde ou financeiro.

Não é fácil escrever depois de muito sofrimento das pessoas que não puderam se defender ou lutar para se manterem vivas, pois é muito triste você assistir aos telejornais, abrir os portais ou, o mais desesperador, ter alguém próximo sofrendo com a perda de um ente querido.

Para amenizar os pensamentos, mais uma pergunta cabe neste momento: o que fazer agora? A resposta única é: viver.

Viver uma vida de transformação. Mas para que essas mudanças façam a diferença, as pessoas terão de recomeçar do zero, acreditar em si, pois é o momento do autoconhecimento, de entender as situações negativas e as positivas para criar a melhor estratégia de superação da história.

Mas como mudar com tanta dor dentro do peito? Como encontrar forças para essa mudança? Quais ações devo fazer? Com quem eu posso contar neste momento? Será que sou capaz? Eu mereço ser feliz?

São milhares de perguntas que as pessoas fazem a cada fração de segundo, questionamentos que, em muitos casos, não possuem respostas pontuais. Mas esse direcionamento só será possível se o indivíduo quiser mudar.

Quais seriam as mudanças necessárias que o indivíduo precisa ter?

São inúmeras alterações necessárias para mudar o pensamento, criar alternativas e alcançar uma nova maneira de superação. Sendo assim, apresento três passos que ajudarão muito nessa nova forma de viver.

O primeiro passo é **reconhecer o que precisa mudar**, pois a autoavaliação permitirá entender as áreas da vida que precisam de melhorias, mas não adianta ter as respostas dessa análise se a pessoa não acreditar em si, porque não existe mudança se o ser humano não entender que somente ele pode mudar os seus hábitos, reconhecer as suas falhas, saber que desses erros a evolução virá para o respectivo desenvolvimento, perceber que a maneira de viver não pode ser da mesma forma que esteve nesse período de complicação.

O momento é de ações estruturadas e personalizadas, pois o maior erro das pessoas é seguir as mesmas estratégias de outras com o pensamento que esse passo a passo, utilizado por outros, seja adequado para resolver todos problemas que as cercam.

Na vida, nem sempre o que foi feito por alguém é a solução para o outro, pois as variáveis são diferentes e os sentimentos internos contradizem as vivências delas, prejudicando o entendimento das ações e, quando não alcançam os resultados esperados, chega o sentimento de frustração.

Reconhecer as falhas é a atitude mais complexa para as pessoas, mas quando desses erros extraímos o aprendizado, nos comportamos diferente ao longo do novo processo. São dos momentos mais difíceis que surpreendemos a nós mesmos. E, não muito diferente, as pessoas que desacreditaram do nosso potencial surgem do nada e veem o êxito da superação, voltando a entender que somos capazes e nos tornando exemplos para elas.

A vida é muito árdua e tudo se torna diferente quando acreditamos em nossos ideais. Mas quais são esses ideais? Muitas vezes, os nossos desejos, a nossa cultura, os nossos valores nos direcionam para a imagem que passamos para as pessoas.

O que desejamos passar? O que mostrar de verdade para as pessoas que estão à nossa volta? Será que somos especiais a ponto de alguém seguir o que fazemos?

Veja que o nosso intelecto e a nossa forma de ver a vida são condições que fortalecem o desejo de nos tornarmos úteis para a as pessoas. Diante dessa motivação de fazermos a diferença para todos, acreditamos que as nossas falhas foram reconhecidas e as responsabilidades por elas assumidas, não da boca para fora, mas pela alma que cerca o nosso ser.

O segundo passo é **estruturar o nosso plano de vida**, que servirá como o guia da nossa transformação.

Não há superação se o indivíduo deixar de lado tudo o que passou, pois não se pode esquecer sem reconhecer. Quando se reconhece os erros, se permite ter a visão ampla do todo e, desse todo, traçar novas estratégias em busca do crescimento e da evolução contínua.

Como estruturar o plano de vida perfeito? Por onde começar? Como acreditar que esse plano vai dar certo? Preciso de ajuda para elaborar o plano ideal?

As respostas para tantas perguntas afirmo que estão dentro de você, pois em qualquer planejamento, de vida ou empresarial, temos de praticar a arte do questionamento, são as dúvidas que permitem às pessoas terem objeções e sugestões para cada fase desse plano.

Quando um ser humano sofre e passa por dificuldades, desses tropeços se cria a proteção e a experiência, podemos dizer que é o antídoto para novas situações que venha passar ao longo da vida.

Em todos os planejamentos de vida, é fundamental definir o estado atual de cada setor, dividindo-os em departamentos e definindo a importância que cada um tem para o desenvolvimento e o aumento da motivação que proporcionará a melhoria de cada área.

Quanto mais objetivo e prático for esse plano, mais fácil será para ser concluído, pois as mudanças serão direcionadas para o destino que tanto se espera chegar em cada departamento. Nesse momento, é fundamental não atuar em todos os setores simultaneamente, entender que a dedicação pertinente a todos será exclusiva de acordo com o tempo estipulado para sair do estágio atual.

A sugestão é dividir as áreas em familiar e profissional, logo de início, sendo que, para o âmbito pessoal, se definirá sonhos e, para a carreira, objetivos.

Quando se divide as áreas, a visão se torna mais detalhada, pois, ao colocar no papel, o indivíduo definirá as ações prioritárias para alavancar as demais. As tarefas são fundamentais para seguir em frente e perceber que a cada conclusão resulta na concretização de pequenas metas, que se tornarão grandes quando chegar ao objetivo final.

Um dos maiores desafios para as pessoas é entender que, em muitos casos, não dependerá apenas dos seus esforços e do seu conhecimento, mas deverão contar com outras pessoas que entendem mais de um determinado tópico. É nesse momento que aparecem os conflitos, justamente pelo medo de pedir ajuda.

O ser humano tem esse receio interno, pois não aceita a fraqueza da desconfiança, a vergonha de dever favores às pessoas ou o medo de ser considerado incompetente pelos seus atos, mas se engana, já que esse é o momento de contar com todos que estão à volta, sabendo que as ações deverão contar com várias mentes, braços e, principalmente, a união dos mais próximos, incluindo os familiares do respectivo lar.

Não existem mudanças sem ter pessoas hábeis no planejamento, pois se faltar o conhecimento o aprimoramento do responsável pelo plano deverá ser prioridade para que não surjam fatos inesperados que, consequentemente, impeçam os objetivos e sonhos alheios.

As etapas que deverão existir nesse plano de vida são as que trarão satisfação e felicidade, pois vejo muitos planejamentos que são criados sem propósito e, quando se conclui uma etapa, não tem alteração na forma de agir do indivíduo, que passou sem a percepção de melhoria e, quando se vê, foram executadas ações sem emoções.

Todos os planos devem conter foco, missão, dedicação, determinação e satisfação pelo seu criador, que nesse caso será o planejador, executor e o próprio incentivador. Essas cinco ações são importantes para aumentar a autoestima e motivá-lo para chegar às conclusões correspondentes.

O foco é a primeira ação do plano de vida. Antes mesmo de executar a tarefa, o indivíduo deve possuir a visão do destino daquela fase do planejamento e se entregar para que alcance o resultado esperado, para seguir em frente com etapas futuras.

A missão é a essência do plano de vida, pois sem ela o executor não encontrará o sentido para seguir em frente, já que todos devem definir o motivo de fazer algo e entender que somos responsáveis em mudar a percepção que as pessoas têm de nós e, quando se coloca intenção em tudo, os outros veem que as ações geraram mudanças de atitudes nos demais.

A dedicação é a ação que o conduz para o destino, pois se trata do combustível que alimenta o motor do ser humano para ter energia suficiente para chegar ao fim de cada etapa.

A determinação é a intensidade que faz com que as ações se multipliquem dentro do indivíduo, para que não deixe a motivação diminuir e, com o empenho alheio, faça com que a sua força, garra e vontade de vencer exterminem o medo do fracasso.

Por fim, a satisfação, que é a atitude menos praticada pelas pessoas e, ao contrário do que pensam, deveria ser a prioritária em todos os planos de vida. As pessoas se esquecem de comemorar as conquistas e as vitórias com medo de julgamento, fato negativo que impede o crescimento motivacional e diminui a alegria de viver.

O terceiro passo é **comemorar as conquistas**. Ter essa atitude é o ideal quando estamos em um processo de melhoria e evolução. Equivoca-se aquele que não se permite reconhecer os feitos, fato que impede que o cérebro armazene essa mensagem e o incentive a continuar em busca de suas vitórias.

Por que ter medo de comemorar um sonho ou objetivo?

O receio das pessoas está no que os outros falarão delas, isso incomoda o indivíduo que vê o seu gesto como soberba, quando deveria ser o contrário, pois são das superações que somos reconhecidos como exemplos de uma determinada área e, com isso, ganhamos seguidores de nossas ações.

Somos movidos pelos incentivos que oferecemos a nós. Dessa motivação temos de ser recompensados para que possamos ultrapassar o obstáculo seguinte, pois são os pequenos gestos de positividade que nos mantêm focados para o objetivo final.

É comum perceber nas pessoas a insegurança que direcionam para a mente, interrompendo o raciocínio estruturado e deixando-as vulneráveis devido à falta do domínio do que vem a seguir, o que provoca o medo interior, temendo o pior, pois traz em seus pensamentos o passado ou momentos que as deixaram desnorteadas, sem rumo, mas essa incerteza é decorrente do despreparo para o novo.

As pessoas não estão preparadas para o desconhecido, não conseguem crer que são capazes de enfrentar a desconfiança interior, que abala quando ocorre alguma ação que esteja fora do controle ou do planejado.

São nos momentos mais difíceis que o indivíduo percebe a sua capacidade. Mas quando os supera, entende que tudo foi propício pelo esforço, garra e mudança de pensamentos, pois a mentalidade precisa de estímulos contínuos para dar razão à vida.

Qual é a razão para a sua vida? A resposta está em você, mas nunca seremos felizes se não observarmos o que nos traz satisfação de entendê-la, superar os desafios e comemorar todos os momentos.

A complexidade da vida é algo que desvendamos com as circunstâncias, delas entendemos e compreendemos o que nos pertence e encontramos as respostas para seguirmos.

São três passos descritos de maneira simples e objetiva que dão o entendimento para o ser humano — indiferente do ambiente onde esteja, sendo pessoal ou profissional — conseguir "reconhecer o que precisa mudar", "estruturar o nosso plano de vida" e "comemorar as conquistas".

Quando nos permitirmos abrir a nossa mente para entender as limitações internas, ampliamos a possibilidade de encontrar as soluções dos problemas presos na mente que revivem constantemente essas imagens negativas que atrapalham a criação do novo, por não terem sido reconhecidas e ressignificadas, pois as dores do passado não trabalhadas pela pessoa impedirão a evolução no futuro.

Ao reconhecer a dor elimine-a, pois terá a motivação de seguir em busca do futuro ideal, já que, no segundo passo, estruturou as etapas do planejamento ou guia de apoio e, por ter tudo nas mãos, saberá o que precisa, pois dos sofrimentos virão as alternativas corretas para revigorar o desejo de superação dos respectivos objetivos.

Sabemos que não será fácil recomeçar, tudo é difícil quando não se compreende o todo, mas o indivíduo precisa olhar sempre para a frente, escolher as pessoas que estarão ao seu lado compartilhando os mesmos sonhos e entender que o desconhecido será desvendado e identificado com sabedoria, paciência e determinação.

Você está preparado para o novo?

É hora de levantar a cabeça, ter o único foco que é crescer como pessoa, como profissional, como ser humano, podendo utilizar a experiência como exemplo, deixando se levar pela contribuição e generosidade oferecidas para quem convive com você. Não há conquista se não tivermos companhia para abraçarmos.

Acabou... Passou... E agora... Vá em busca do que merece, dos sonhos e objetivos que pertencem a você, com dignidade, honestidade e respeito às pessoas e à profissão, acreditando que os novos hábitos são em prol da melhoria contínua, vivendo intensamente cada situação, cada momento, com coragem e coração, construindo um legado e lembrando que só depende de suas atitudes para agir e vencer.

26

MEDITAÇÃO EM TEMPOS DE PANDEMIA

Neste capítulo, começo sugerindo uma visão diferente sobre possíveis significados da pandemia de COVID-19 que está ocorrendo em todo o nosso planeta, com início no final do ano de 2019 e que persistiu durante todo o ano de 2020. Sugiro reflexões com a ideia de que busquemos um lado positivo nesta pandemia e que não tenhamos somente sentimentos negativos. Afinal de contas, se refletirmos um pouco, podemos concluir que toda experiência que vivemos pode ser fonte de aprendizado para que nos tornemos seres humanos melhores. Experiências boas ou ruins podem ser fonte desse tipo de reflexão. Qualquer pessoa que parar para se lembrar do seu passado, com certeza acessará situações às vezes difíceis, mas que se ajudaram, no sentido de ensinar a viver e conviver melhor com as dificuldades, e chegar a um ponto de maior equilíbrio mental e emocional. Diante dessa proposta de uma nova visão da pandemia, ofereço informações sobre uma técnica de meditação para praticarmos durante e após este período. Essa técnica chama-se *Mindfulness* ou "Atenção plena". Quem praticá-la com dedicação com certeza se beneficiará, no sentido de conseguir lidar melhor com as dificuldades da vida, inclusive para evitar o estresse que uma pandemia pode causar.

TERESA CRISTINA MUNIZ QUEIROZ

Teresa Cristina Muniz Queiroz

Médica graduada pela UFTM (Uberaba - MG) em 1995, com Residência Médica em Clínica Médica (também pela UFTM) desde 1997; especialização em Homeopatia (Sociedade Médica de Uberlândia - MG desde 2001; e em Medicina Integrativa (Uniube – Uberlândia /MG), concluíd a em 2018. Instrutora de Tai Chi Chuan formada pela Sociedade Brasileira de Tai Chi Chuan estilo Yang, em São Paulo - SP, em 2010. Terapeuta de Florais de Bach e de Saint Germain desde 2012. Terapeuta de EFT (Emotional Freedom Techniques) formada em 2015 pelo Centro de Treinamento EFT Oficial de Gary Craig & Sônia Novinsky. Formada em PPC Coaching pela Sociedade Brasileira de Coaching em 2015. Seu diferencial é a paixão pela profissão de médica, o que se traduz em sua disponibilidade para buscar o melhor caminho para a resolução dos problemas de saúde dos seus pacientes. Coautora do livro *Vida em equilíbrio*.

Contatos
tcryz2014@gmail.com
circuluzespacoterapeutico.com.br
Instagram: @circuluzespacoterapeutico
Facebook: @pensamentosatitudes / @teresacristinacoach
34 99961-2425

Ah, o ano de 2020 foi, no mínimo, diferente! Com certeza, os acontecimentos mexeram muito com a cabeça de toda a população mundial.

Eu tenho feito muitas reflexões sobre a realidade que estamos vivendo durante essa pandemia da COVID-19:

- Por que estamos todos, no nosso planeta Terra, vivendo este momento difícil?
- Há um propósito mais profundo, no âmbito espiritual, para esta pandemia?
- Depois que a pandemia acabar, haverá mais paz, amor e harmonia entre a população mundial?
- Os desequilíbrios que estamos vivendo no mundo, relativos a desigualdades sociais, guerras, atitudes egoístas nos relacionamentos pessoais e na política, com comportamentos bem disseminados de buscas pelo próprio interesse, às custas de se provocar o prejuízo emocional e financeiro de outras pessoas – esses desequilíbrios têm influência na geração dessa pandemia?

Eu acredito que nada nesta vida acontece por acaso. Todos nós, habitantes do planeta Terra, somos responsáveis pelos rumos dos acontecimentos daqui. Todos nós, seres humanos, estamos interligados. E estamos interligados também com todos os componentes da natureza, animais e vegetais, mesmo os seres mais primitivos e microscópicos. Chamo isso de comunicação extrassensorial. Ou seja, esta comunicação que temos com todos os seres vivos da Terra está em um nível mais sutil, que vai além dos nossos cinco sentidos principais.

Sendo assim, tudo tem uma razão de ser. Enquanto os seres humanos não despertarem para a realidade dessa comunicação sutil e continuarem a prejudicar de alguma forma os outros habitantes da Terra, sejam outros seres humanos, animais ou vegetais, não poderá haver vida em harmonia aqui no nosso planeta, e continuarão a ocorrer desequilíbrios, por meio de fenômenos da natureza como furacões, terremotos, grandes inundações e outras pandemias futuras.

Por isso, sugiro que todos nós, seres humanos pensantes, aproveitemos este momento em que estamos precisando nos isolar e tomarmos muitos cuidados para evitar a contaminação pelo coronavírus para fazermos reflexões sobre como cada um pode contribuir para melhorar a qualidade de vida no nosso planeta. O que podemos fazer para nos tornarmos seres humanos melhores e assim melhorar o mundo?

Eu, particularmente, vou sugerir aqui uma técnica de meditação de que gosto muito. Essa será a minha contribuição para um mundo melhor neste texto. A técnica a que estou me referindo chama-se Mindfulness.

De acordo com a universidade de Harvard, que publicou um estudo recente, nossa mente está dispersa e distraída em nossos pensamentos durante praticamente 47% do tempo. É como se metade da vida estivéssemos pensando no passado e no futuro, esquecendo o presente.

Essa dispersão provoca diversos outros sintomas e problemas relacionados ao bem-estar, como ansiedade e estresse, além de prejudicar a nossa felicidade com as conquistas e momentos presentes.

O que é Mindfulness?

Basicamente, Mindfulness, ou atenção plena, é a prática de se estar no momento presente da maneira mais consciente possível. O que significa estar atento a cada movimento, situação, respiração.

Em outras palavras, significa estado mental alcançado quando se foca a consciência no momento presente, enquanto calmamente se reconhece e aceita seus sentimentos, pensamentos e sensações corporais.

Ou seja, é você deixar de lado as distrações, pensamentos externos e sentimentos anteriores para intencionalmente sentir, ouvir e viver plenamente a situação presente.

O exercício é intencional, pois é preciso dedicação e autorregulação por parte de cada indivíduo para se alcançar os resultados. Então, podemos dizer que as técnicas de Mindfulness são basicamente atividades que conectam ação e pensamento.

Outro ponto interessante é que o Mindfulness também é conhecido como a Psicologia da Atenção Plena, em que o psicólogo trabalha a disciplina da mente com o objetivo de aumentar o foco.

Quais os benefícios do Mindfulness?

O Mindfulness é uma ferramenta acessível e pode trazer diversos benefícios para a sua saúde e para o seu dia a dia. É difícil resumir essa lista, mas separei os 10 principais itens que a prática de Mindfulness pode proporcionar:

- Ajuda a desenvolver a inteligência emocional e a empatia.
- Aprofunda o autoconhecimento.
- Aumenta a capacidade de concentração.
- Contribui para o controle do estresse e da ansiedade.
- Reduz os riscos de insônia.
- Melhora os relacionamentos pessoais.
- Reduz o envelhecimento do cérebro.
- Aumenta a capacidade de memória.
- Diminui o impacto de pensamentos negativos.
- Incentiva a criatividade.

Todos esses aspectos podem ser aplicados na vida pessoal e profissional, por isso a técnica de Mindfulness é tão disseminada entre profissionais e estudantes.

Agora, vou citar dez formas de se praticar Mindfulness:

Permita-se "sentir" suas emoções.

Isso é muito importante, visto que temos emoções o tempo todo durante nosso dia. Mas devido à correria diária, não costumamos parar para avaliar essas emoções. Ou apenas senti-las. Isso ajuda em um processo de autoconhecimento.

Cultive a prática da gratidão pela manhã e à noite.

Quando paramos para pensar em coisas para agradecer, isso nos ajuda a termos sintonia com a gratidão e a educarmos nosso cérebro para ver o lado positivo das coisas. Podemos pensar em pequenas situações para agradecer, por exemplo, uma música bonita que ouvimos, uma comida gostosa que provamos durante o dia, uma conversa descontraída com um amigo ou com alguém da família.

Pratique a caminhada meditativa.

Ande devagar e de maneira consciente, observe cada um de seus passos conforme caminha. Você pode determinar alguns dias e horários na semana para realizar essa caminhada.

Experimente a refeição meditativa.

Temos uma tendência a comer de forma automática, muitas vezes nem sentimos o gosto do alimento. O fato de comer com a atenção voltada inteiramente para os alimentos, sem pensar em problemas, ajuda a educar a atenção, além de aumentar a eficiência da digestão.

Elimine suas distrações.

Quando estamos acordados, ocorrem turbilhões de pensamentos em nossa mente, o tempo todo. Para esses pensamentos não nos perturbarem, é importante que estabeleçamos planos de ação distribuídos pelas horas do dia e nos dediquemos a focar nossa atenção em cada ação específica.

Alimente sua mente e alma com conteúdos saudáveis.

Atualmente as informações nos chegam de forma mais fácil e rápida, principalmente pela internet. É importante que filtremos as informações mais relevantes, pois a vida passa rápido e, se nos deixamos levar por informações superficiais e fúteis, estamos perdendo oportunidades de aprender assuntos que nos ajudarão a ser pessoas melhores e mais felizes.

Eu sugiro que cada pessoa busque na internet, em livros ou em séries de televisão assuntos relacionados com seu trabalho, com algum lazer saudável ou com a sua religião, enfim, assuntos que acrescentem informações importantes e do interesse da pessoa.

Conecte-se com a natureza.

Tente passar um pouco de tempo apenas estando na natureza, mesmo que seja num parque local. Perceba como é relaxante permanecer apenas observando a brisa que move as folhas das árvores, os pequenos animais ou mesmo os insetos voando. Encontre tempo durante seus intervalos para ficar sozinho ao lado de um rio ou em um parque. Livros não são necessários.

Passe tempo meditando.

As pessoas em nossa sociedade estão vivendo uma vida muito corrida e dizem sentir muita dificuldade em meditar. Isso porque, para meditar, é necessário parar e ficar uns minutos em silêncio. As pessoas estão com dificuldade de se manterem em silêncio.

Durante a meditação nossos pensamentos, julgamentos e sentimentos começam a se acalmar.

Quando você se senta e só percebe sua respiração, nota muitos pensamentos. Em vez de engajá-los e deixar que suas reações dominem, apenas observe esses pensamentos passarem e veja o que acontece. Muitos deles desaparecem.

Escreva em um diário.

Após meditar, passe 10 minutos ou mais de manhã escrevendo seus pensamentos, sentimentos e observações em um caderno. É seu diário particular, ninguém vai olhar, validar ou criticar.

É preciso que seja algo honesto e verdadeiro, é sua hora para refletir e experimentar de verdade. Pode ser escrito à mão ou *on-line*. Só não poste em redes sociais.

Coma coisas saudáveis e nutritivas.

Esse é um aspecto muito importante para a felicidade e a saúde. Tente comer produtos sazonais e mantenha distância de comidas processadas, açúcares e doces, que não são nutritivos e agridem nossos órgãos, provocando inflamações crônicas e acúmulo de toxinas no organismo, o que gera mau humor, dores no corpo e cansaço.

Aconselho buscar o máximo de alimentos naturais, não processados, como frutas, verduras e legumes. Quanto mais natural, mais os alimentos costumam ser nutritivos; quanto mais processados e artificiais, menos nutritivos e mais problemáticos para a saúde.

Enfim, seguindo esses dez passos, estaremos ao encontro de uma vida mais saudável física, mental, emocional e espiritualmente. Considero que isso ajudará bastante a lidarmos melhor com a dificuldade que estamos passando com essa pandemia e com qualquer outra situação difícil que enfrentarmos na vida.

Este livro foi composto em Bilo, Adobe Garamond Pro, Neue Haas Grotesk Pro sobre Pólen Soft 70g pela Literare Books International Ltda.